Wolfgang Zenger

Klimawandel + Marketing

Zenger, Wolfgang

Klimawandel + Marketing

ISBN: 978-3-941482-82-1

Auflage: 1
Erscheinungsjahr: 2010
Erscheinungsort: Bremen, Deutschland

© Europäischer Hochschulverlag GmbH & Co KG, Fahrenheitstr. 1, 28359 Bremen (www.ehv-online.com). Alle Rechte beim Verlag und bei den jeweiligen Lizenzgebern.

Wolfgang Zenger

Klimawandel + Marketing

Inhaltsverzeichnis

Abbildungsverzeichnis 3
Tabellenverzeichnis 4
Einführung 5
1. Klimawandel + Öffentlichkeit **6**
   1.1. Aktualität des Themas 6
2. Klimawandel + Medien **10**
   2.1. Aufstieg zum Medienstar 10
   2.2. Klimawandel, Wissenschaft, Medien 12
   2.3. Interaktion Medien - Wissenschaft 14
   2.4. Medien und soziale Realität 15
3. Klimawandel + Wirtschaft **17**
   3.1. Auswirkungen, Entwicklungen, Szenarien 17
   3.2. Branchen, Veränderungen, Märkte 19
   3.3. Klimawandel und Kapitalmarkt 24
   3.4. Mega-Trend „Klimawandel / Nachhaltigkeit" 25
4. Klimawandel + Marketing **27**
   4.1. Moderne Marketingansätze 27
5. Klimawandel + Konsumentenverhalten **33**
   5.1. Wertewandel, Bestimmungsfaktoren 33
   5.2. Käuferverhalten, Aktiviertheit 35
   5.3. Involvement 39
   5.4. Wahrnehmung 43
   5.5. Emotionen 44
   5.6. Motiv, Bedürfnis, Motivation 45
   5.7. Einstellungen 48
   5.8. Positionierung, Differenzierung 49
   5. 9. Konsumentenwerte 50
   5.10. Persönlichkeit 52
6. Marktsegmentierung, Lebensstil, Zielgruppe **54**
   6.1. Marktsegmentierung 54
   6.2. Lebensstile 55
   6.3. Zielgruppen 57
7. Unternehmen, Marke, Positionierung **61**
   7.1. Unternehmen 61
   7.2. Marke, Positionierung 64
8. Kommunikation, Medien, Werbung **67**
   8.1. Kommunikation 67
   8.2. Medienumwelt 69
   8.3. Werbung 71

8.4. Online-Kommunikation	72
8.5. Public-Relation	74
9. Marktsituationen, Wirtschaft, Chancen	**76**
9.1. Klimafreundlicher Konsum	76
9.2. Grenzen klimafreundlichen (nachhaltigen) Konsums	81
10. Resümee	**83**
11. Umfrage „Klimawandel + Marketing"	**90**
Literaturverzeichnis	**110**
Anlage: Fragebogen "Klimawandel + Marketing"	**117**

Abbildungsverzeichnis

Abb. 1: Gewinner und Verliererbranchen 24
Abb. 2: Herausforderungen und Megatrends der marktorientierten Unternehmensführung .. 27
Abb. 3: Vier Kernaufgaben des Marketing 31
Abb. 4: Marketing-Zyklus 32
Abb. 5: Beziehung zwischen Kultur und Verhalten 34
Abb. 6: Variablensystem Außenreize-Innenreize 35
Abb. 7: Einflussfaktoren auf den Käufer 35
Abb. 8: Drei-Speicher-Gedächtnismodell 37
Abb. 9: Werbung und Agenda-Setting 39
Abb. 10: Einflussfaktoren des Produktinvolvements 41
Abb. 11: Bedürfnispyramide nach Maslow 46
Abb. 12: Komponenten von Einstellungen 48
Abb. 13: Anwendungsbeispiel für Means-End-Chain 52
Abb. 14: Persönlichkeit und Zustandskonstrukte des Konsumentenverhaltens 53
Abb. 15: SINUS-Milieus in Deutschland 2007 56
Abb. 16 Kurzcharakteristik SINUS-Milieus 56
Abb. 17: SINUS-Milieu Ökologie Anfang 80er Jahre 58
Abb. 18: SINUS-Milieu Ökologie 2005 58
Abb. 19: Prozess der Festlegung strategischer Ziele 62
Abb. 20: Wichtigste Bausteine zur Corporate Identity 63
Abb. 21: Der Ablauf von Kommunikationsvorgängen 67
Abb. 22: Wirkungskomponenten der Werbung 72
Abb. 23: CO2-Emissionen und Einsparpotenzial 76
Abb. 24: Kommunikationsmotiv Fa. Bosch 79
Abb. 25: Kommunikationsmotiv Fa. Siemens 80
Abb. 26: Situation Klimawandel 83
Abb. 27: Klimawandel + Medien 84
Abb. 28: Umweltbewusstsein in Deutschland 84
Abb. 29: Klimawandel + Konsument 85
Abb. 30: „Klimawandel + Marketing" 86
Abb. 31: „Feel Good-Botschaft" 87
Abb. 32: Positionierung und Stärkung der Marke 88
Abb. 33: Gewinnsituation „Klimawandel + Marketing" 89

Tabellenverzeichnis

Tabelle 1: Beispiele für mögliche Wirkungen des Klimawandels in verschiedenen Bereichen 7

Tabelle 2: Primärquellen von Risikoinformationen in der Medienberichtserstattung 14

Tabelle 3: Anpassungsmöglichkeiten in der Bau- und Wohnungswirtschaft 18

Tabelle 4: Gegenüberstellung High- und Low-Involvement-Käufe 40

Tabelle 5: Involvementdeterminanten 40

Einführung

Das Thema „Klimawandel" bewegt unsere Gesellschaft, Politik und unsere Wirtschaft. Es ist eine der großen Herausforderungen unserer Zeit und permanent in den Medien präsent. Basis dafür sind Wetter bedingte Extremereignisse, die in zunehmendem Maße wahrgenommen werden und ein Bedrohungs-Potential haben. Die Meinungen über die Ursachen des Klimawandels sind divergierend, aber es setzt sich deutlich die Meinung durch, dass der Mensch entscheidend mit dazu beiträgt.[1]

Unternehmen, Konsumenten und Politik sind gefordert, um die Auswirkungen des Klimawandels „in Grenzen zu halten"[2].

Dies bedeutet einerseits das Setzen von Maßnahmen um den Auswirkungen des Klimawandels zu begegnen. Jedoch nicht bloß in Form von Einschränkungen, sondern auch als Anstoß zu Entwicklung und Innovation. Sehr wohl bedeutet die Situation Umstellung und stärkeres Verantwortungsbewusstsein.

Somit ergeben sich als Gegenpol zu dem Bedrohungs-Szenario damit vielfältige Möglichkeiten, besonders für die Wirtschaft. Es gilt nun Chancen zu erkennen, innovative Produkte und Dienstleistungen zu entwickeln, Verantwortung zu übernehmen und Vertrauen zu schaffen. Die Möglichkeiten für innovative und so genannte Umwelt-Technologien werden sehr positiv eingeschätzt.[3]

Das Marketing muss neue Inhalte und Vorteile kommunizieren, Werte neu definieren, neue Zielgruppen und Kunden gewinnen. Auch neue Kommunikationswege beschreiten und Emotionen nutzen.

Wie kann zukunftsweisendes Marketing in Zeiten des Klimawandels gestaltet werden, um Wettbewerbsvorteile zu generieren? Kann das Marketing vor einem eher als bedrohlich wahrgenommenen Szenario hier ein Plus an Erfolg, an Gewinn und Mehrwert schaffen? Das Plus als positives Symbol für „Mehr". „Klimawandel + Marketing", geht das?

Diese interessante Frage war Ausgangspunkt, um mich mit dem Thema in dieser Arbeit zu befassen.

Mir war bei Beginn meiner Arbeit „Klimawandel + Marketing" nicht bewusst, wie umfangreich, tiefgehend und spannend sich diese Thematik darstellen würde. Daher ist es mir leider nur möglich, einen kleinen Teil dieser faszinierenden Thematik zu erfassen.

Neben der Recherche zur Thematik wurde eine kleine Umfrage bei Unternehmen durchgeführt. Die Ergebnisse sind nicht repräsentativ, aber geben doch einen Einblick von wirtschaftlicher Seite auf das Thema. Die Untersuchung wird am Ende dieser Arbeit dargestellt.

Wolfgang Zenger

---

[1] Siehe Potsdam Institut, Bundesministerium für Bildung und Forschung
[2] Begrenzung auf 2 Grad Celsius
[3] Berenberger Bank und HWWI Hamburger WeltWirtschaftsInstitut (2007)

1. Klimawandel + Öffentlichkeit

1.1. Aktualität des Themas

Das Klima der Erde ist nicht konstant und hat sich im Laufe der Erdgeschichte schon immer verändert. Dies auch ohne den Einfluss des Menschen.[4]

Unter „Klimawandel" wird die derzeitige globale Erwärmung verstanden, deren starke Zunahme aber ohne die Auswirkungen menschlichen Einflusses (anthropogener Klimawandel) nicht mehr zu erklären ist.[5]

Die im 20. Jahrhundert beobachtete Temperaturerhöhung wird zum großen Teil auf anthropogene Ursachen zurückgeführt.[6] Es hat seit dem Industriezeitalter eine ungewöhnlich rasche und intensive Erwärmung stattgefunden.[7] Als Ursache wird die „Nutzung fossiler Brennstoffe, das Abholzen von Wäldern und weitere Aktivitäten (...)" angesehen.[8] Dadurch erfolgt eine wesentliche Zunahme von so genannten Treibhausgasen, insbesondere Kohlendioxid (CO_2).[9]

Der vierte Bericht des IPCC[10] (2007)[11] kommt zu dem Ergebnis, dass der größte Teil der Erwärmung der letzten Jahrzehnte sehr wahrscheinlich – mehr als 90% - auf den von Menschen verursachten Anstieg der Treibhauskonzentrationen zurück geht."[12] Entsprechende Forschungen an den gemessenen Temperaturverläufen zeugen von großer Übereinstimmung von Modellrechnungen und Messergebnissen.[13]

So ist die Konzentration von Kohlendioxid in der Luft, im Vergleich zur vorindustriellen Zeit, erheblich angestiegen. Derzeit auf 380 ppm (parts per million), dem höchsten Wert „seit mindestens 800.000 Jahren".[14] Die Menschheit steuert auf eine „Heißzeit"[15] zu, die das gesamte Klimasystem über Grenzen hinweg belasten könnte und somit Prozesse des Gesamtgefüges „kippen"[16] lassen könnte.

Um Aussagen über die zukünftige Klimaentwicklung machen zu können, werden Klimamodelle entwickelt. Mit SRES-Szenarien (nach: Second Report on Emission Szenarios)[17] wird versucht, Auswirkungen auf das Klima zu modellieren.[18]

Die entwickelten Zukunfts-Szenarien sind bedrohlich. Es werden extreme Wetterereignisse aufgrund des Klimawandels mit Hitzeperioden, Trockenheit, aber auch Hochwasser-

---

[4] Bundesministerium für Bildung und Forschung: Herausforderung Klimawandel, Bestandsaufnahme und Perspektiven der Klimaforschung, Berlin, 2003, S. 8
[5] Hon.Prof. Dr. Stock Manfred, Klimawandel und Zukunftspfade – Perspektiven, Herausforderungen und Strategien; in Klimawandel – Markt für Strategien und Technologien?!, Tagungsband zum 84. Darmstädter Seminar -Abfalltechnik und Umwelt und Raumplanung-, Darmstadt, 26.Juni 2008
[6] Bundesministerium für Bildung und Forschung: Herausforderung Klimawandel, S. 6
[7] Schönwiese Christian-D.: Klimawandel global und in Deutschland – Fakten der Vergangenheit und Szenarien der Zukunft, PDF-Dokument
[8] http://www.pik-potsdam.de/infothek/sieben-kernaussagen-zum-klimawandel, Bundesministerium für Bildung und Forschung: Herausforderung Klimawandel, S. 38
[9] Bundesministerium für Bildung und Forschung: Herausforderung Klimawandel, S. 8
[10] Intergovernmental Panel on Climate Change (IPCC)
[11] http://www.ipcc.ch
[12] Schönwiese Christian-D.: Klimawandel global und in Deutschland – Fakten der Vergangenheit und Szenarien der Zukunft, PDF-Dokument, S. 2. 4. Sachstandsbericht des IPCC „Klimaänderung 2007: Zusammenfassung für politische Entscheidungsträger", September 2007
[13] http://www.umweltbundesamt.de/klimaschutz/klimaaenderungen/klimafaktor_mensch/klimafaktor_mensch.htm, Abruf 01.02.09; Forschungsprojekt am Institut für Atmosphäre und Umwelt der Johann Wolfgang Goethe-Universität Frankfurt am Main
[14] http://www.pik-potsdam.de/infothek/sieben-kernaussagen-zum-klimawandel
[15] ebenda
[16] ebenda
[17] Second Report on Emission Szenarien, die die möglichen Entwicklungen im 21. Jahrhundert in den Bereichen Bevölkerungswachstum, ökonomische und soziale Entwicklung, technologische Veränderungen, Ressourcen-Verbrauch und Umweltmanagement differenzierter als bisher berücksichtigen
[18] Bundesministerium für Bildung und Forschung: Herausforderung Klimawandel, S. 10, S. 30

Ereignisse vorausgesagt.[19] Es erfolgt eine Schädigung von Ökosystemen, das Abschmelzen des Festlandeises sowie eine Verlagerung von Vegetationszonen.[20] Die Konsequenzen für die Umwelt sind vielfältig und betreffen nicht zuletzt auch die Gesundheit der Menschen und erhöhte Sterbefallhäufigkeit.[21],[22]

Tabelle 1: Beispiele für mögliche Wirkungen des Klimawandels in verschiedenen Bereichen[23]

Gesundheit	durch Hitzewellen, Stürme, Überschwemmungen, Lawinen oder Erdrutsche verursachte Erkrankungen und Verletzungen sowie veränderte Verbreitungsgebiete vektorübertragener Krankheiten (wie FSME, Borreliose)
Landwirtschaft	verringerte Ernteerträge, insbesondere in trockenen Gebieten Ost- und Südwest-Deutschlands sowie abnehmende Ertragssicherheit durch erhöhte Klimavariabilität
Forstwirtschaft	erhöhte Anfälligkeit nicht standortgerechter Baumarten vor allem in Ost- u. Südwest-Deutschland sowie erhöhte Waldbrandgefahr und zunehmende Belastung der Wälder durch Schädlinge und Wetterextreme
Wasserwirtschaft	steigende Gefahr für Hochwasser (Winter/Frühjahr) sowie häufigeres Niedrigwasser (Sommer), sinkende Grundwasserspiegel, insbes. in Ost-Deutschland
Naturschutz	Gefährdung der Artenvielfalt, insbes. in Feuchtgebieten und Gebirgsregionen
Verkehr	Beeinträchtigung des Flugverkehrs wegen sich verändernder Luftströmungsverhältnisse sowie der Binnenschifffahrt durch häufigere Hoch- und Niedrigwasser
Tourismus	Abnahme der Schneesicherheit in Gebirgsregionen sowie zunehmender Hitzestress in südlichen Destinationen, mögliche Verbesserung nördlicher Seestandorte

---

[19] Vgl. u.a. Schönwiese et. al. (2005): Berechnung der Wahrscheinlichkeiten für das Eintreten von Extremereignissen durch Klimaänderungen, Climate Change 07/05, (UFOPLAN 201 41 254), Dessau.
[20] Peters Hans Peter, Heinrichs Harald (2005), S 57
[21] Koppe, C. und Jendritzky, G. (2004): Die Auswirkungen der Hitzewelle 2003 auf die Mortalität in Baden-Württemberg, Sozialministerium Baden-Württemberg, Stuttgart. Anpassung an Klimaänderungen in Deutschland – Regionale Szenarien und nationale Aufgaben-; Hintergrundpapier „Anpassung an Klimaänderungen in Deutschland", Umweltbundesamt, 2006
[22] Umweltbundesamt (2006)
[23] ebenda

Finanzwirtschaft	höhere direkte Kosten in Haftungsfällen für Versicherer und Rückversicherer
Energiewirtschaft	Beeinträchtigung der Kühlleistung von Kraftwerken durch Hoch- und Niedrigwasser sowie der Stromnetze durch Eislasten, Starkwind und -regen
Städtebau und Stadtplanung	Überwärmung und mangelnde Durchlüftung von Innenstädten sowie zu gering bemessene Kanalisationsanlagen

Die in jüngerer Vergangenheit erlebten Extrem-Ereignisse (Elbe-Hochwasser in 2002, Hitzesommer 2003, Absturz von Gesteinsmassen an der Ostflanke des Eiger in 2006) werden als Indiz für den spürbaren Klimawandel gewertet.[24]

Als in Deutschland vom Klimawandel besonders betroffene Regionen werden Südwestdeutschland, zentrale Teile Ostdeutschlands und die Alpen angenommen.[25]

Aufgrund des hohen Schadenspotentials sind die Auswirkungen des Klimawandels und das Eintreten von Extrem-Wetterereignissen auch aus volkswirtschaftlicher Sicht besonders bedeutsam. Zahlen der Versicherungswirtschaft belegen dies bereits.[26] Im Mittel hat sich die Anzahl größerer Schadensereignisse zwischen den 1980er und den 1990er Jahren nahezu verdoppelt.

Die in Deutschland markanten Ereignisse Elbe-Hochwasser 2002 und Hitzesommer 2003 werden in ihrem gesamtwirtschaftlichen Schaden wie folgt bewertet:

Elbe-Hochwasser 2002: 18 Todesopfer und 9,2 Milliarden Euro Schadenssumme, Hitzesommer 2003: 7.000 vorzeitige Sterbefälle.

Weiter zurück liegende Ereignisse wie die beiden Orkane „Lothar" und „Martin" in 1999 werden mit 14 Milliarden Euro verursachter Schäden bewertet.[27]

Modellrechnungen zum Eintreten von Extremereignissen durch Klimaänderung in Deutschland zeigen einen auffälligen Trend zu extrem heißen Sommern und eine deutliche Zunahme von Niederschlagssummen im Winter.[28]

Zwar gibt es auch positive Wirkungen des Klimawandels, zum Beispiel bessere Bedingungen für die Landwirtschaft und die Schifffahrt in nördlichen Regionen. Allerdings werden die negativen Folgen überwiegen.[29]

Unter der Annahme, dass die beobachteten Temperaturänderungen Anzeichen für einen anthropogenen Klimawandel sind, ist ein weiterer Klimawandel nicht zu vermeiden.[30] Der Klimawandel, der in den nächsten zwei bis drei Jahrzehnten stattfindet, lässt sich nicht aufhalten.[31] Der Klimawandel wird ernsthafte Einflüsse auf die weltweiten Produktionsleistungen, auf das menschliche Leben und auf die Umwelt haben.[32]

Würde die Erderwärmung weiter wie bisher voran schreiten, könnte sich das Erdklima bis zum Jahr 2100 um ca. 5 Grad Celsius erwärmen.[33] Die Auswirkungen sind derzeit nicht absehbar. Dies wäre ein Anstieg der Durchschnittstemperatur von der letzten Eiszeit auf heuti-

---

[24] ebenda
[25] Umweltbundesamt (2008)
[26] Münchner Rück (2004): Jahresrückblick Naturkatastrophen 2003, München
[27] Umweltbundesamt (2006); Umweltbundesamt (2008)
[28] Schönwiese et al. (2005)
[29] http://www.umweltbundesamt.de/uba-info-presse/2008/pdf/pd08-068.pdf
[30] ebenda, S. 54
[31] Stern Review, 2006
[32] ebenda
[33] ebenda; http://www.pik-potsdam.de/infothek/sieben-kernaussagen-zum-klimawandel

ges Niveau.[34] Notgedrungen würde dies auch zu einer „bedeutenden Änderung der humanen Geografie führen".[35] Im Stern-Review wird geschätzt, dass ein „Nichts-Tun" gegen den Klimawandel einen jährlichen Verlust von 5% des weltweiten Bruttoinlandsprodukts zur Folge hätte. Dabei ließen sich die gefährlichsten Folgen des Klimawandels voraussichtlich in Grenzen halten.[36] Dies würde nach ökonomischen Modellrechnungen weniger als 1% des globalen Bruttoinlandsprodukts pro Jahr betragen.[37] Somit sind „Anpassungsmaßnahmen notwendig, sinnvoll und auch finanzierbar".[38]

Es wird deutlich, dass ein entschiedenes Handeln nicht nur aus Umweltschutz und humanitären Gesichtspunkten geboten erscheint. Die Vorteile eines aktiven Handelns übersteigen die wirtschaftlichen Kosten eines Nicht-Handelns bei weitem.[39] Gesellschaft und Wirtschaft werden sich an die Klimaänderungen anpassen müssen.[40]

Es gibt zwei Strategien um dem Klimawandel zu begegnen. Zum einen wird versucht durch Vermeidung und Minderung der Emissionen die Erwärmung zu begrenzen. Zum anderen wird versucht durch Anpassung die Schadensanfälligkeit von ökonomischen, gesellschaftlichen und ökologischen Systemen zu vermindern.[41]
Hier ist die lange Reaktionszeit des Klimas von ca. 30 Jahren zu sehen. D. h., dass heute ergriffene Maßnahmen erst nach dieser langen Zeit Wirkung zeigen, aber auch, dass heute nicht ergriffene Maßnahmen die Situation in 30 Jahren verschärfen.

Dabei muss klar erkannt werden, dass dieses Gegensteuern gegen den anthropogenen Klimawandel eine klare „Pro-Wachstum-Strategie"[42] ist. Neben der Vermeidung der erwähnten exorbitanten Kosten bzw. Schäden entstehen durch das Erfordernis nach innovativen Produkten, neuen Technologien und Leistungen viele neue Märkte und Geschäftsfelder. Dieses schlägt sich wiederum in Wirtschaftswachstum und Beschäftigung nieder.[43]

Hier wird wirtschaftliches Handeln in seinem Kern gefordert. Auf entstehende und sich verändernde Märkte reagieren, Chancen erkennen und adäquate Produkte und Dienstleistungen anbieten. Somit trägt der innovative Umgang mit dem Thema Klimawandel zum geschäftlichen Erfolg und andererseits zum Schutz unseres Planeten bei.

---

[34] ebenda
[35] Stern-Review, 2006
[36] Hon.Prof. Dr. Stock Manfred, Darmstadt, 26.Juni 2008; http://www.pik-potsdam.de/infothek/sieben-kernaussagen-zum-klimawandel
[37] Stern Review, 2006; http://www.hm-treasury.gov.uk/sternreview_index.htm
[38] Hon.Prof. Dr. Stock Manfred, Darmstadt, 26.Juni 2008
[39] Stern Review, 2006
[40] Bundesministerium für Bildung und Forschung: Herausforderung Klimawandel, S. 52
[41] ebenda
[42] Stern-Review 2006
[43] Siehe Umweltwirtschaftsbericht 2009, Bundesministerium für Umwelt, Naturschutz und Reaktorsicherheit

2. Klimawandel + Medien

2.1. Aufstieg zum Medienstar

Der globale Klimawandel wird schon seit vielen Jahren in den Medien thematisiert, war aber meist nur in wissenschaftlichen Beiträgen vertreten.[44]

Jedoch wurde in den letzten Jahren das Thema besonders stark aufgegriffen, sodass es auch auf Titelseiten von Zeitungen[45] oder in Nachrichtensendungen Platz fand.[46] Medienwirksame Ereignisse dafür waren die Veröffentlichung des Stern-Review im Jahr 2006, die Veröffentlichung des 4. UN-Klimaberichts des IPCC in 2007 und die Verleihung des Friedennobelpreises an Al Gore in 2007.[47]

So spielen berühmte Personen wie Al Gore, aber auch Angela Merkel, die sich den Klimawandel auf die politische Fahne geschrieben hat, bei dem Interesse der Medien natürlich eine große Rolle. Über diesen Weg findet das Thema seinen Weg in Nachrichtenredaktionen.[48]

Ein weiterer Punkt ist, dass bei den erwähnten Berichten die wissenschaftlichen Daten in ihren Aussagen immer überzeugender wurden und der anthropogene Klimawandel nun als Tatsache gilt. Auch sind diese Daten nun zunehmend alarmierender und haben damit auch „Wert" für starke Medienpräsenz[49] und Aufmerksamkeit.

Hier seien die so genannten „Nachrichtenfaktoren" (nach Galtung und Ruge) genannt:[50]

- Frequenz
- Aufmerksamkeitsschwelle
- Einfachheit
- Bedeutsamkeit
- Konsonanz
- Überraschung
- Kontinuität
- Variationen
- Bezug zu Elitenationen
- Bezug zu Elitepersonen
- Personalisierung
- Negativität

Diese Nachrichtenfaktoren müssen nicht alle gleichzeitig vorhanden sein. Sie können auch einzeln auftreten. Eine Kombination erhöht jedoch den Wert eines Ereignisses.

Der Begriff „Negativität" drückt z. B. aus, dass es berichtenswerter ist das etwas nicht funktioniert als das etwas funktioniert. „Bad news are good news"!

---

[44] Engels Anita, (2000)
[45] http://www.bild.de/BILD/news/vermischtes/2008/08/27/klimawandel-eis-am-nordpol/schmilzt-immer-mehr-eisbaeren-schwimmen-um-ihr-leben.html, http://www.bild.de/BILD/news/vermischtes/2008/06/04/killer-wetter/hg-wetter-chaos/ist-der-klimawandel-schuld.html, http://www.stern.de/magazin/heft/584601.html, http://www.focus.de/wissen/wissenschaft/artenschutz/tiere-klimawandel-bedroht-kaiserpinguine_aid_365216.html
[46] http://www.heute.de/ZDFheute/inhalt/7/0,3672,5271847,00.html,
http://www.tagesschau.de/ausland/klimawandel/
[47] http://www.klimawandel-heute.de/klimawandel-in-den-medien
[48] http://www.wdr.de/themen/wissen/umwelt/klimawandel/wissen/interview_071108.jhtml; Interview Prof. Holger Wormer, Universität Dortmund
[49] ebenda
[50] Engels Anita; Das Wissen der Medien und die Erwartung an die Wissenschaft, Vortrag auf der 5. Deutschen Klima-Tagung am 04.10.2000, Hamburg. Zit. nach Galtung Johan, Ruge Marie H.; The structure of foreign news. The presentation of the Congo, Cube, and Cyprus crises in four Norwegian newspapers, in: Journal of Peace Research, 2, 64-91, 1965

Journalisten orientieren sich an solchen Faktoren wie Katastrophengröße, Anzahl der Toten oder Folgen für die Alltagswelt. Diese Berichterstattung weicht von wissenschaftlichen Standards der Beschreibung ab. Sie ist alltagsnäher und für den Konsumenten auf ein paar wesentliche Gesichtspunkte reduziert.[51]

Somit stellen Medien nicht eine objektive Wirklichkeit dar, sondern erzeugen ein eigenes Bild wissenschaftlicher Aussagen, das sich mehr an den Bedürfnissen ihrer Rezipienten als an wissenschaftlicher Genauigkeit orientiert.[52]

Themen werden in den Medien in komplexe Bildersprache umgesetzt. So wird das Thema Klimawandel in eine Metaphorik übersetzt. Dies ermöglicht erst, dass bestimmte Nachrichtenfaktoren hergestellt werden können und dass eine Interpretation der Nachricht in bereits bekannte Denkkategorien möglich ist.[53]

Der Begriff der „Klimakatastrophe" ist der Begriff, der in Deutschland am meisten Prominenz erreicht hat und diese Katastrophenmetapher hat die Klimadiskussion in Deutschland am meisten geprägt.

In der Geschichte des Themas „Klimawandel" in den Medien ist zu berücksichtigen, dass der Klimawandel zu den hypothetischen Gefahren gehört und seine unmittelbare Erfahrbarkeit begrenzt ist. Der Bürger informiert sich über die möglichen Folgen für seine Lebenswelt und weniger über wissenschaftliche Details. Nicht jedes Thema ist gleich wichtig, es kommt auf die Relevanz für den Leser oder Zuschauer an.[54]

Der anthropogene Klimawandel ist ein wissenschaftliches Konstrukt, das erst über die Kommunikation in den Medien wahrgenommen wurde. Nicht die Gefahrenlage an sich ist ausschlaggebend, sondern erst die durch gesellschaftliche Kommunikation geschaffenen Bedeutungsmuster verleihen der naturwissenschaftlichen Hypothese praktische Bedeutung.[55]

Themenkarrieren sind in hohem Maße von den situativen und Kontextfaktoren abhängig.[56] So wurde die öffentliche Diskussion zum Klimawandel deshalb so groß, weil durch Hitzeperioden, Hochwasser und Stürme sich die Klimaveränderungen bemerkbar machten. Einzelne Wetterereignisse werden als Signale des Klimawandels interpretiert. Dies sind dann konkrete Ereignisse, die als Konsequenz der Klimaveränderung gedeutet werden können.[57] So wurde Klimawandel konkret erfahrbar.

Die daraus resultierenden sozialen, wirtschaftlichen und ökologischen Auswirkungen treten immer häufiger und stärker auf.

Diese Ereignisse sind ein Faktor der Berichterstattung. Da das Thema auch politisch einen hohen Stellenwert hat und durch Gesetzesinitiativen, internationale Konferenzen und das Veröffentlichen von Berichten (Stern-Review, IPCC 2007) sind weitere Faktoren, die das Thema für Journalisten berichtenswert halten.

In den Medien wurden die Erkenntnisse des IPCC-Berichts teilweise sehr massiv dargestellt und als „Schreckensmeldungen" verbreitet.[58]

Damit ein Thema öffentliche Resonanz erhält, bedarf es der Mobilisierung der Öffentlichkeit. Der Verlauf von Themen in der Öffentlichkeit lässt sich anhand eines Phasenmodells darstellen:[59]

---

[51] Friedman Sharon M. et al. (1987)
[52] Bechmann Gotthard, Beck Silke (1997) S. 131
[53] Pansegrau Petra (2000)
[54] Bechmann Gotthard, Beck Silke (1997), S 129
[55] ebenda, S. 121
[56] Pfetsch B. (1994)
[57] Peters Hans Peter, Heinrichs Harald (2005), S 206
[58] Hmielorz Annemone, Löser Nardine (2007)
[59] Luhmann N. (1975)

- In der Latenzphase wird das Thema nur von Insidern und Interessierten diskutiert, erzeugt aber noch keine Resonanz in der Öffentlichkeit. Es besitzt noch keine Symbolisierung in Wort und Bild.
- Das bisher relativ unbekannte Thema erhält externe Unterstützung. Dies können bekannte Persönlichkeiten sein oder es wird zu einem Streitthema zwischen den politischen Parteien. Es erfolgt eine Polarisierung mit Befürwortern und Gegnern. Es formulieren sich Koalitionen und Argumentationslinien werden hauskristallisiert.
- In der pragmatischen Phase werden Reformen, Teilverbesserungen und Kompromisse diskutiert. Das Thema wird zu einem Dauerthema in den Medien und hält auch in den Schulen Einzug. „Es taucht in den *mainstream* der öffentlichen Kommunikation ein."[60]
- Das Thema wird zu einer „zeremoniellen Größe". Es wird politisch nicht mehr viel bewegen und hat mehr symbolischen Wert.

Neben konkreten Personen sind auch unterschiedliche Organisationen und Institutionen, Wissenschaft, Politik und Wirtschaft mit dem Thema befasst.[61]

2.2. Klimawandel, Wissenschaft, Medien

Wie oben bereits erwähnt ist das Thema „Klimawandel" ein Wissenschaftsthema. Erst durch die Anwendung wissenschaftlicher Methoden werden Risiken bei der Klimaveränderung erkannt und treten dann in das Blickfeld der Öffentlichkeit.[62]

Wissenschaftliche Quellen haben somit beim Thema „Klimawandel" einen sehr hohen Stellenwert.[63]

Insbesondere zu Beginn dieser Thematik haben Wissenschaftler aufgrund Ihres Erkenntnismonopols eine erhebliche Definitionsmacht.[64] Auch bei den Themen „Waldsterben" oder „Ozonloch", und nun beim Klimawandel, zeigt sich, dass Wissenschaft einen starken Einfluss auf die Definition des Problems und auf die Prozesse ausübt, die zu einer politischen Reaktion führen. „Das, was zum gesellschaftlichen Problem und dann infolge öffentlicher Diskussion zum politischen Problem wird, ist Produkt wissenschaftlicher Forschung."[65]

Neben hoher Medienpräsenz von Klimaexperten ist auch deren politisches Engagement deutlich.[66] „Die öffentliche Thematisierung von Klimawandel als möglicher Bedrohung ging in Deutschland eindeutig von der Wissenschaft aus (…)"[67]

„Die Urheber dieser Warnungen sind keine religiös verblendeten Propheten, die jeden Anlass aufnehmen, um den ohnehin prognostizierten Weltuntergang, das Armageddon unserer Tage als unmittelbar bevorstehend zu prophezeien. Es sind Wissenschaftler (…)"[68]

Wissenschaftliche Quellen und Institutionen werden in den Medien sehr positiv bewertet und genießen auch ein hohes Vertrauen. Die Wissenschaft dominiert als Lieferant von Informationen an die Medien (siehe Tabelle 2).[69]

Dabei hat die Wissenschaft in der Diskussion die Rolle der Diagnoseerstellung inne und ist zuständig für die „Wahrheit". Für zu ergreifende Maßnahmen und deren Umsetzung ist die

---

[60] ebenda, S 125
[61] ebenda, S. 120
[62] Peters Hans Peter, Heinrichs Harald (2005)
[63] Weingart Peter, Engels Anita, Pansegrau Petra (2008)
[64] Peters Hans Peter, Heinrichs Harald (2005), S. 5
[65] Bechmann Gotthard, Beck Silke (1997), S. 136
[66] Peters Hans Peter, Heinrichs Harald (2005)
[67] Engels Anita und Weingart Peter (1997)
[68] Weigart Peter, Engels Anita, Pansegrau Petra (2008)
[69] Peters Hans Peter, Heinrichs Harald, 2002, S. 57

Politik zuständig.[70] Die Bevölkerung teilt weitgehend die Ansicht, dass der Klimawandel aufgrund von Treibhausgas-Emissionen entsteht.[71]

Die wissenschaftlichen Beiträge, die alleine geologische, solare oder andere Prozesse als Ursache für den Klimawandel anführen, werden als nicht adäquat oder unseriös zurückgewiesen.[72] Die Anzahl der Vertreter solcher Thesen, „Klimaskeptiker", ist nur sehr begrenzt und die Positionen sind isoliert. Z. B. wird alleine Sonnenaktivität als Ursache des Klimawandels angesehen, vulkanische Aktivitäten seien bedeutender als der CO_2-Ausstoß, erhöhtes Pflanzenwachstum gleiche den CO_2-Ausstoß wieder aus oder anthropogener CO_2-Ausstoß sei im Gesamtkreislauf unbedeutend, sind einige der Argumente von „Klimaskeptikern".

Zu dem letzt genannten Punkt entgegnet die wissenschaftliche Forschung, dass es richtiger Weise einen natürlichen Austausch großer Mengen Kohlenstoffs gibt. Die CO_2-Nettobilanz dieses Ausstoßes ist für die Atmosphäre gleich Null. Der anthropogene Ausstoß sei jedoch kein Austauschprozess sondern eine zusätzliche Quelle. Und da dies nicht alles zusätzlich aufgenommen werden kann, beobachte man den Anstieg der CO_2-Konzentration seit dem Industriezeitalter.[73]

Die klimasketischen Aussagen halten den Qualitätsanforderungen wissenschaftlicher Erkenntnisgewinnung nicht stand.[74] Einige „Klimaskeptiker" werden auch als Lobbyisten von Verbänden erkannt, was nicht zu deren Glaubwürdigkeit beiträgt.[75]

Die Thematik „Klimawandel" ist sehr komplex und die Ergebnisse der Erforschung sind mit gewissen Unsicherheiten verbunden. Aus Daten der Vergangenheit und der Gegenwart wird über Computersimulationen auf zukünftige Ereignisse geschlossen. Erkenntnisse sind nur aufgrund von Indizien möglich und der Zeithorizont der Vorhersagen sehr lange, z. B. bis zum Jahr 2100. Daher sind die Daten und Ergebnisse nicht absolut zu beweisen und es gibt noch offene Fragen.[76]

Um jedoch die aktuellen Erkenntnisse der wissenschaftlichen Forschung auf eine breite Erkenntisbasis zu stellen, wurde das „Intergovernmental Panel on Climate Change (IPCC)" gegründet. Den genannten Unsicherheiten bei den erforschten Erkenntnissen versucht man durch Einbeziehung eines möglichst großen Fachkreises an Forschern zu begegnen. Man erhält somit die in der Wissenschaft vorrangig vertretene Meinung.[77] Nach diesen Ergebnissen herrscht unter Klimaforschern ein breiter Konsens, dass der Klimawandel durch den vom Menschen verursachten CO_2-Ausstoß mit verursacht ist. Die von „Klimaskeptikern" vorgebrachten Ergebnisse führten bisher nicht dazu, dass die vorherrschende Meinung revidiert wurde.

Die vom IPCC veröffentlichten Ergebnisse können aufgrund der breiten Mitarbeit der Wissenschaft als aktuellste seriöse wissenschaftliche Ergebnisse betrachtet werden. Die Diskussion eines Klimawandels ohne anthropogenen Einfluss findet somit außerhalb der Wissenschaft statt.

Die am häufigsten als Ursache in den Medien dargestellte Ursache-Wirkungs-Beziehung sind die anthropogenen CO_2-Emissionen. In jedem zehnten Medienbeitrag wird dies als Ursache genannt und in 80% der Fälle wird dies auch bestätigt. Bloß in 5% der Aussagen wird diese Aussage in Frage gestellt.[78]

Die Wissenschaft prägt somit das Risikokonstrukt des Klimawandels in der öffentlichen Diskussion.[79] Davon inspiriert folgen Romane wie „Welt in Angst" oder Unterhaltungsfilme „The

---

[70] Peters Hans Peter, Heinrichs Harald, 2002, S. 89
[71] Peters Hans Peter, Heinrichs Harald, 2002, S. 58
[72] Rahmstorf Stefan: in Bild der Wissenschaft 1/2003
[73] Umweltbundesamt (2008)
[74] Umweltbundesamt (2007)
[75] Schrader Christopher (2007) http://www.sueddeutsche.de/wissen/343/326207/text/6/, Abruf 11.02.09
[76] Umweltbundesamt (2007)
[77] ebenda
[78] Peters Hans Peter, Heinrichs Harald (2005), S. 56
[79] Peters Hans Peter, Heinrichs Harald (2005), S. 89 f, 191

Day After Tomorrow", die das Thema Klimaveränderung als bedrohliche Katastrophenszenarios nutzen.

Tabelle 2: Primärquellen von Risikoinformationen in der Medienberichterstattung

Primärquellen von Risikoinformationen in der Medienberichterstattung			
	Alle Medien	Überregionale Medien	Regionale Medien
Politik	12,8%	11,9%	13,6%
Wirtschaft	0,8%	0,9%	0,7%
NGO: Umweltverbände usw.	2,7%	2,7%	2,7%
Wissenschaft & Technik	44,9%	51,9%	37,8%
Sonstige Quellen	3,3%	1,8%	4,9%
Mehrere Quellen	2,9%	2,7%	3,1%
Keine Quellen	32,6%	28,2%	37,1%
	100,0%	100,0%	100,0%
	(n=1.111)	(n=561)	(n=550)
in Anlehnung an Peters Hans Peter, Heinrichs Harald (2005)			

2.3. Interaktion Medien - Wissenschaft

Wie oben ausgeführt haben Medien ein Interesse an aufrüttelnden und für sie verwertbaren Nachrichten. Die Darstellung von Sachverhalten wird von den Medien in subjektiver Art geändert und die Informationswiedergabe richtet sich nach Nachrichtenwert, Aufmerksamkeitsgenerierung und Bericht-Schemata.[80] Aussagen werden zugespitzt und vereinfacht und der Fokus liegt auf Problemorientierung.

Aus einer Flut von möglichen Angeboten werden von den Akteuren Themen und Informationen herausgefiltert und auf die Tagesordnung gesetzt. Ziel ist die Erzeugung und Lenkung von Aufmerksamkeit.[81]

Beide Gruppen stimmen jedoch darüber ein, dass der Klimawandel stattfindet auch wenn sie unterschiedliche Vorstellungen über die Form der Kommunikation mit der Öffentlichkeit haben.[82]

Dabei kommt es durchaus vor, dass auch entwarnende Aussagen manchmal gestrichen werden können, oder dass versucht wird, einzelne Wetterereignisse als Folge des Klimawandels identifiziert und bewertet zu erhalten. Wird diesen Erwartungen nicht entsprochen, hat die Nachricht keinen Wert. „Medien wollen von Wissenschaftlern vor allem Sensationen und Katastrophenwarnungen hören". Dies führte dazu, dass Klimaforscher die Internetseite www.realclimate.org ins World Wide Web stellten, um dem Verlangen der Medien nach Extremmeldungen nicht zu entsprechen.[83]

Journalisten haben häufig bereits vorher konzipierte Artikel parat, eine Art Drehbuch des Beitrags, bevor sie ihren gewünschten Ansprechpartner kontaktieren. Dieser soll den Erwartungen der Journalisten entsprechen und zur Relevanz der Thematik kompetente Aussagen treffen können. Auch ist die Medieneignung und vielleicht schon bestehende Medienpräsenz des Experten ein Kriterium für eine Kontaktaufnahme. Die Auswahl wird auch davon mit beeinflusst, ob der Experte in die Rolle des Beitrags-Konzeptes passt und ob er „mediengeeignet" ist (z. B. verständlich erklären kann). Aber dennoch können die Experten, je nach Gattung des Mediums, Einfluss auf die Konzepte der Beiträge nehmen.[84]

Manchmal ist es auch Konzept des Beitrages, dass eine andere Meinung als die gängige präsentiert wird. Hier versuchen Medien Kontroversen und wissenschaftlichen Disput zu entfachen.

---

[80] Hmielorz Annemone, Löser Nardine (2007)
[81] Fichter Klaus (2001)
[82] Peters Hans Peter, Heinrichs Harald (2005), S. 150 ff.
[83] Rahmstorf Stefan (2005)
[84] Peters Hans Peter, Heinrichs Harald (2005)

Journalisten haben ein Interesse andere Blickwinkel darzustellen, um originelle Beiträge zu erhalten. Übertreibungen fordern Widerspruch heraus und dabei werden gerne auch Zwischentöne zugunsten einer Zuspitzung weggelassen.[85]

Dies kann dann die Aufmerksamkeits-Plattform sowohl für „Klimaskeptiker" als auch für Umweltaktivisten sein, um ihre (extremen) Ansichten darzustellen. Beispielhaft sind hier die Fernsehdokumentation von RTL „Der Klima-Schwindel", aber auch der Film „Eine unbequeme Wahrheit" von Al Gore zu nennen. Missinterpretationen und Übertreibungen, naiv oder bewusst, und die Verwechslung von Hypothesen mit Fakten führen zu Verwirrungen bzw. erwecken einen falschen Eindruck.

Brisanz erhalten solche Darstellungen dann durch ihre Wirkungen oder Konsequenzen. So müsste natürlich überlegt werden, ob denn die eingeleiteten politischen Maßnahmen und finanziellen Anstrengungen im Zusammenhang mit dem Klimaschutz überhaupt nötig sind, oder nur aufgrund von falschen Annahmen stattfinden.[86] (z. B. Anfrage an die Bundesregierung in 2001)[87] Andererseits lässt sich beobachten, dass das Vorwissen des anthropogenen Klimawandels so stark subjektiv verankert ist, dass gegenteilige Behauptungen sich auch auf die Person des Autors negativ auswirken.[88]

Medien funktionieren nach eigenen Gesetzmäßigkeiten und Relevanzen, die sich von denen der Wissenschaft deutlich unterscheiden.[89] Medien vermitteln eine für Journalisten konstruierte und eine für die Gesellschaft interpretierte „zweite Wirklichkeit".[90]

Dennoch haben beide Gruppen, Wissenschaft und Medien, eine starke Orientierung an einander und eine „geteilte Kultur". Die Experten präsentieren nicht nur Fakten von Wissen, sondern übernehmen selbst eine politische Rolle. D. h. sie stellen selbst einen Zusammenhang ihrer Aussagen und der Bewertung von Maßnahmen oder Entscheidungen vor. Dies wird im Sinne eines verstärkten Klimaschutzes von den Experten offenbar gewollt. Vor diesem Hintergrund entwickelten sich gut ausgebildete Schnittstellen von Medien und Experten.[91]

Es entsteht eine Austauschbeziehung zwischen Sprechern, Medien und Publikum. Die Sprecher erwarten Publizität für die Darstellung ihrer Themen und Meinungen, die Medien wiederum erwarten Themen und Meinungen, mit denen sie selbst beim Publikum Aufmerksamkeit und Zustimmung gewinnen.[92]

2.4. Medien und soziale Realität

Die Medien haben wesentlichen Einfluss auf das Kommunikationssystem „Öffentlichkeit". Über die Medien ist es möglich neue Themen, Akteure und Inhalte zu transportieren. Gesellschaftliche und politische Institutionen können zu Reaktionen veranlasst werden und man erhält somit Zugang zur politischen Agenda.

Durch die öffentliche Kommunikation entsteht ein themenspezifischer Kontext, der durch gemeinsames Wissen die Basis eines aufeinander bezogenen Handelns ermöglicht. Es ist möglich dadurch Wissenschaft, Politik und Ökonomie zu verknüpfen und somit eine notwendige Bedingung für politische Partizipation zu schaffen.[93]

---

[85] Schrader Christopher (2007)
[86] Cubasch Ulrich (2001) http://www.hamburger-bildungsserver.de/welcome.phtml?unten=/klima/solar/, Abruf 11.02.09, 17.18 Uhr
[87] Antwort Bundesregierung auf kleine Anfrage zu Paläoklimaforschung in Deutschland – Stand, Ergebnisse und Perspektiven; http://dip21.bundestag.de/dip21/btd/14/065/1406529.pdf, Abruf 11.02.09, 17.46 Uhr
[88] Peters Hans Peter, Heinrichs Harald (2005), S. 165
[89] Engels Anita (2000)
[90] Bechmann Gotthard, Beck Silke (1997), S. 129
[91] Peters Hans Peter, Heinrichs Harald (2005)
[92] Fichter Klaus (2001)
[93] Peters Hans Peter, Heinrichs Harald (2005) S. 3 ff

Bei Inhalten, die beim Empfänger nicht zu seinem Erfahrungshorizont gehören (z. B. wissenschaftliche Inhalte) schafft die kommunikative Vermittlung über Medien die Realität für diesen. Nur die physikalischen Zusammenhänge des Klimawandels alleine bieten für die öffentliche Kommunikation der Medien kaum verwertbare Informationen. Erst durch die Identifizierung von Verursachern, Feststellung von Gewinnern und Verlierern und nachfolgend Entscheidungen über Ressourcen wandelt sich der anthropogene Klimawandel zu einem gesellschaftlichen Thema und erhält seinen Aufmerksamkeitswert. Erst die durch Kommunikation der Medien entstandenen Bedeutungsmuster geben der naturwissenschaftlichen Hypothese ihre praktische Bedeutung und schaffen somit Wirklichkeit. Folglich wird das Thema soziale Realität.[94]

Die Medien erzeugen in unserer „Mediengesellschaft" somit eine Art scheinrealer Umwelt. Durch diese scheinreale Umwelt erfahren Menschen ihren Lebensraum und stellen diesen in ihren sozialen Kontext. Neben der primären, konkreten Lebenswelt ist die virtuelle, durch Medien vermittelte Lebens- und Erfahrungswelt getreten. Medien tragen durch Ihre Berichterstattung, Inhalte und deren Verbreitung zur Entstehung und Veränderung von individuellen Weltbildern bei.

Neben den journalistischen Inhalten tragen die fiktionalen Inhalte (z. B. Spielfilme) und Werbung zum Aufbau der scheinrealen Umwelt bei.

Diese scheinreale Umwelt ist ein System, das durch die Interaktionen von Journalismus, sozialen Akteuren und Medienpublikum gekennzeichnet ist. Unterschiedlichste Gruppen (Experten, Politiker, Institutionen, etc.) versorgen die Medien mit Inhalten. Diese werden von den Medien selektiv aufgegriffen und, wie oben dargestellt, nach ihren Regeln verarbeitet und präsentiert.

Für das Thema „Klimawandel" folgt daraus, dass es für eine erfolgreiche positive Beeinflussung der prognostizierten Risiken und Konsequenzen nötig ist, das Thema in der sozialen Realität der Öffentlichkeit zu verankern.[95]

---

[94] Bechmann Gotthard, Beck Silke (1997) S. 120 ff
[95] Peters Hans Peter, Heinrichs Harald (2005) S. 3 ff

3. Klimawandel + Wirtschaft

3.1. Auswirkungen, Entwicklungen, Szenarien

Das Ziel politischer und gesellschaftlicher Handlungen ist es, den Anstieg der Erderwärmung zu verringern und die Auswirkungen des anthropogen verursachten Klimawandels einzudämmen bzw. sich daran anzupassen. Dies ist sicherlich der gegenwärtig wichtigste Nachhaltigkeitstrend.

Zu dem Begriff „Nachhaltigkeit" selbst gibt es keine eindeutige Definition. Vom Deutschen Bundestag wurde der Begriff am 12. Juni 2002 folgend definiert: „Das Konzept der Nachhaltigkeit beschreibt die Nutzung eines regenerierbaren Systems in einer Weise, dass dieses System in seinen wesentlichen Eigenschaften erhalten bleibt und sein Bestand auf natürliche Weise nachwachsen kann."[96] Oder auch: „Nachhaltige Entwicklung ist die übliche Übersetzung des englischen Begriffes *sustainable development* und bezeichnet eine Entwicklung, die den Bedürfnissen der jetzigen Generation entspricht, ohne die Möglichkeiten künftiger Generationen zu gefährden, ihre eigenen Bedürfnisse zu befriedigen (Verkürzte Definition gemäß dem Brundtland-Bericht).[97]

Eine, wie ich finde, sehr schöne bildhafte Erklärung ist die Tatsache, dass der Begriff aus der Forstwirtschaft stammt und festlegt, dass nicht mehr Bäume geschlagen werden dürfen als nachwachsen können. Somit kann sich der Wald immer selbst regenerieren.

Gemeinsames Element bei allen Definitionen ist, dass die Ressource erhalten bleibt und mit Ihr so schonend umgegangen wird, dass sie nicht zerstört wird. Dadurch bleibt auch die Chance erhalten, dass nachfolgende Generationen sie ebenfalls noch nutzen können.

Nun, wie auch immer, es sind Klimawandel und Nachhaltigkeit aufs Engste mit einander verbunden. Wie oben ausgeführt, ist der Begriff des Klimawandels eng mit der Vorstellung der „Klimakatastrophe" gekoppelt. Dieser Katastrophe versucht man durch nachhaltiges Verhalten und Wirtschaften zu begegnen. Dazu gehört ganz eminent die Reduktion des CO_2-Ausstoßes. Die Erzeugung und der Einsatz von Energie hatte im Jahr 2004 mit 42% den größten Anteil an den Gesamtemissionen in Deutschland.[98] Der Klimawandel macht allgemein ein wesentlich effizienteres und emissionsärmeres Wirtschaften nötig.

Es ist davon auszugehen, dass je höher die CO_2-Emissionstätigkeit eines Unternehmens ist, desto höher sind die Produktions- und Absatzkosten. D. h. je größer die Einsparungen an fossilen Energieträgern, desto besser sind die wirtschaftlichen Aussichten solcher Unternehmen.[99]

Auch wenn diese Veränderungen noch stark staatlich gesteuert werden (durch Investitionen, Subventionen, Regulierungen und Gesetze), bietet dies große Chancen für Wirtschaft und Unternehmen, da sich dadurch neue Märkte entwickeln.

"The climate changes that have already taken place or are fore cast offer BASF new market opportunities. BASF is developing and selling products and technologies that help mitigate and adapt to climate change and therefore have sales potential in line with changes in climate conditions". BASF[100]

Energieeffizienz, nachhaltige Wasserwirtschaft, nachhaltige Mobilität, Energieerzeugung, Rohstoff- und Materialeffizienz und Abfall- und Kreislaufwirtschaft zählen zu den zentralen Zukunftsmärkten.[101]
Diese Märkte hatten weltweit im Jahr 2005 ein Volumen von 1.000 Milliarden Euro. Es wird

---

[96] http://de.wikipedia.org/wiki/Nachhaltigkeit, Download 08.02.09, 19.44 Uhr
[97] http://de.wikipedia.org/wiki/Nachhaltige_Entwicklung; Download 08.02.09, 19.56 Uhr
[98] Berenberger Bank und HWWI Hamburger WeltWirtschaftsInstitut (2007)
[99] ebenda
[100] Carbon Disclosure Project (2008); http://www.cdproject.net/reports.asp
[101] Walz Rainer (2008), Bundesumweltministerium für Umwelt, Naturschutz und Reaktorsicherheit (2009)

geschätzt, dass dieses Volumen bis zum Jahr 2020 auf 2.200 Milliarden Euro steigt. Die höchste Steigerung erfährt der Bereich Energieeffizienz mit 450 Milliarden Euro.[102]
Im Jahr 2007 entfielen bei der Industriegüterproduktion in Deutschland 5% auf Umweltschutzgüter. Die größten Steigerungen, im Vergleich zum Jahr 2005, erfuhren hier die erneuerbaren Energien, Mess-, Steuer- und Regeltechnik und Elektronikprodukte.[103]

Die Beschäftigtenzahl in der Umweltwirtschaft lag im Jahr 2006 bei ca. 1,8 Millionen Menschen.[104] In den letzten Jahren ergaben sich auch hier Steigerungen. Durch die enorme Dynamik der Weltmärkte für erneuerbare Energien wurden die Beschäftigungsprognosen sogar übertroffen.[105] Als ein weiterer Bereich ist das CO2-Gebäudesanierungsprogramm zu nennen, das bei einer Prognose bis zum Jahr 2020 bei einem jährlichen Beschäftigungseffekt von ca. 33.500 Personen liegt.[106] Mögliche Leistungen der Bau- und Wohnungswirtschaft in Zusammenhang mit dem Klimawandel sind in Tabelle 3 dargestellt.[107] Bei „grünen" Produkten „entstehen perspektivisch mehr Arbeitsplätze als in der Autoindustrie oder dem Maschinenbau".[108]

Tabelle 3: Anpassungsmöglichkeiten in der Bau- und Wohnungswirtschaft

Klimaentwicklung	Maßnahmen in Bau- und Wohnungswirtschaft
Anforderungen des Klimaschutzes	
	Energieeinsparung, Energieproduzierende Gebäudetechnik, Wärmedämmung, "Intelligenz am Bau"
Temperaturanstieg	Wärmedämmung, Hitzetolerante Bauweise, intelligente Klimaregelung, Bau- & Stadtplanung mit Luftaustausch
Mehr Sonnenschein	Solarkühlung, innovative energieproduzierende Fassadengestaltung, integrierte Biomassenproduktion
Weniger Grundwasserneubildung	Mehr Versickerung, weniger Flächenversiegelung, Einsatz von Brauchwasser, dezentrale Abwassersysteme
Höhere Klimaverträglichkeit	Erhöhte Anforderungen an bauliche Auslegung, Ver- und Entsorgungssysteme und Leistungsreserven
Höhere und stärkere Extremwetterereignisse	Berücksichtigung von Risikoszenarien zu Hochwasser, Sturzfluten, Sturm, Hagel, Schneelast, Lawinen und Muren
in Anlehnung an Stock (2008)	

Da deutsche Unternehmen mit zu den führenden im Bereich der Umwelttechnologie zählen, kann man erwarten, dass sich auf globaler Ebene erhebliche Wachstumschancen ergeben werden. Deutschland werden sehr gute Konditionen für wirtschaftlichen Erfolg in Zukunftsmärkten assistiert.[109] Dabei werden im internationalen Vergleich Deutschlands Chancen von „mittel - sehr gut" bewertet. Dies bestimmt auch vor dem Hintergrund steigender Rohstoffpreise auf dem Weltmarkt. Vor diesem Faktum sind erneuerbare Energien natürlich sehr viel wirtschaftlicher. Die Umwelttechnologie wird sicher noch einen wichtigen Beitrag zur Welthandelsposition Deutschlands leisten. Auch Staaten wie USA und China, die keine Klimaschutzziele verfolgen, fragen solche Anlagen stark nach.[110]

Trotz dieser guten Aussichten wird es, um diese Position halten zu können, nötig sein, weitere Anstrengungen zu unternehmen. Besonders vor dem Hintergrund, dass neue Anbieter auf diesen Markt drängen. Hier müssen die Voraussetzungen, unter denen Zukunfts-Technologien entwickelt werden können, weiter verbessert werden.

---

[102] Bundesumweltministerium für Umwelt, Naturschutz und Reaktorsicherheit (2009)
[103] ebenda
[104] ebenda
[105] Lutz Christian, Meyer Bernd (2008)
[106] ebenda
[107] Stock Manfred (2008)
[108] Berenberger Bank und HWWI Hamburger WeltWirtschaftsInstitut (2007) S. 47
[109] Walz Rainer (2008)
[110] Lutz Christian, Meyer Bernd (2008)

Dabei spielen die Rahmenbedingungen, in denen sich innovative und Nachfrage orientierte Innovationen entwickeln können eine große Rolle. Innovationsfreundliche Regelwerke, vernetztes Arbeiten, verlässliche langfristige Rahmenbedingungen und Anreize für weitere Innovationen, sind hier zu nennen. Diese müssen durch politische Systeme zur Verfügung gestellt werden.[111]

3.2. Branchen, Veränderungen, Märkte

Der Klimawandel bewegt die Wirtschaft. Märkte verändern sich und werden durch neue Faktoren und politische Maßnahmen beeinflusst.

Ich möchte hier auf einen Teil ausgewählter, meiner Meinung nach wichtiger Branchen eingehen und deren Möglichkeiten und Risiken im Blickwinkel des Klimawandels eruieren. Zusätzliche Einflüsse aufgrund eines allgemein gestiegenen Umweltbewusstseins sind nicht auszuschließen.

„Gewinner sind vor allem (die Branchen, Anm. Verf.), die helfen den Klimawandel zu verlangsamen und seine negativen Folgen zu begrenzen."[112]

Auf der Gewinnerseite sind natürlich die erneuerbaren Energien zu nennen. Sie werden auch noch weiter von klimapoltischen Förderprogrammen profitieren. Sie stellen eine wichtige Maßnahme zur CO2-Vermeidung dar.[113] Der Anteil an der Primärenergieerzeugung wird sich bis zum Jahr 2020/2030 verdreifachen bis vervierfachen.[114] Fossile Energieträger werden sich verteuern. Auf sie entfällt auch ein großer Teil der Treibhausgas-Emissionen (ca. ¼). Bei Kraftwerken mit fossilen Energieträgern, Kohlekraftwerken, wird aber weiterhin intensiv an der Verringerung des CO2-Ausstoßes gearbeitet und sie werden auch noch lange Zeit als Energielieferanten Bedeutung haben. Und sie stellen auch weiterhin einen wichtigen Anteil an der Energieerzeugung, der nicht so einfach zu ersetzen ist.
Der Bereich der Energieforschung wird bei den erneuerbaren Energien selbst verständlich auch eine große Rolle spielen, um hier die Effizienz weiter zu steigern.[115]

Land- und Forstwirtschaft sind Branchen, die unmittelbar vom Klimawandel betroffen sind. Landwirte werden gezwungen sein, ihre Anbauflächen und die darauf gesäten Pflanzen an die sich ändernden klimatischen Bedingungen anzupassen. Nördliche Regionen werden aufgrund des Temperaturanstiegs einen Produktionsvorteil gegenüber südlicheren Regionen haben. Für den Anbau werden eher wärmeresistente und genügsame Pflanzen zum Einsatz kommen, besonders in südlicheren Standorten. Aussaattermine werden sich verschieben und der Wasserknappkeit muss begegnet werden.[116] Aufgrund von häufigeren Extremwetterereignissen wird man auch mit größeren Schwankungen bzw. Schäden bei den Ernteerträgen rechnen müssen.
Der Bedeutungsgewinn von Bioenergien und daraus resultierend der Bedarf an Nutzpflanzen, hätte zweifellos enorme positive wirtschaftliche Effekte in der Landwirtschaft[117], bedeutet aber auch eine moralisch-ethische Diskussion. Denn dadurch verteuern sich Grundnahrungsmittel, die für die Ernährung der Weltbevölkerung benötigt werden.

Die Forstwirtschaft ist durch Trockenheit und Sturmschäden des Baumbestands ebenso unmittelbar betroffen. Es steigen somit Schadensfälle und Versicherungskosten. Auch die Gefahr von Waldbränden nimmt zu. Wälder dienen jedoch als CO2-Speicher und wirken sich somit positiv auf die CO2-Bilanz aus. Daher ist der Wald auch besonders schützenswert. Da die Nachfrage an Holz als Energieträger steigen wird, wird sich hier auch die Preisentwick-

---

[111] Walz Rainer (2008)
[112] Walter Norbert (2008)
[113] McKinsey&Company (2007)
[114] Berenberger Bank und HWWI Hamburger WeltWirtschaftsInstitut (2007), S. 64
[115] Heymann Eric (2007)
[116] Ott Hermann E., Richter Casper (2008)
[117] Berenberger Bank und HWWI Hamburger WeltWirtschaftsInstitut (2007), S. 52

lung stabilisierend und förderlich auswirken. Also ergeben sich für die Land- und Forstwirtschaft sowohl Verlierer- aber sehr wohl deutliche Gewinner-Szenarien.[118]

Die **Baubranche** wird durch den Klimawandel kräftige Impulse erhalten. Sowohl durch Präventiv- als auch durch Anpassungsmaßnahmen. Sämtliche Branchen, die einen Beitrag zur Steigerung der Energieeffizienz von Gebäuden beitragen können, sind als Profiteure des Klimawandels anzusehen.[119] Hier sind große Potentiale zur Vermeidung von CO2 enthalten. Dies sowohl im öffentlichen Bausektor (z. B. Bürogebäude, Schulen, Universitäten) als auch im privaten Bereich.[120] Da der Hauptbestand an Häusern aus bereits bestehenden und älteren Bauten besteht, werden hier Maßnahmen zur Anpassung und Dämmung nötig. Die Einsparpotentiale an Energieverbrauch sind groß. Durch fachgerechtes Sanieren alter Gebäude und moderne Gebäudetechnik können bis zu 80 Prozent des Energiebedarfs dieser Häuser eingespart werden.[121] Dies bietet ein großes Betätigungsfeld für sämtliche Berufe rund um das Baugewerbe und Baunebengewerbe.

So sieht das **Handwerk** folgerichtig den Klimaschutz auch als Zukunftsmarkt und sich selbst als „Kompetenzschlüssel zur Verbreitung klimaschonender Technik."[122] Leicht makaber die Tatsache, dass aufgrund von Extremwetter-Ereignissen eventuell entstehende Schäden sicher auch wieder dazu führen, dass diese vom Baugewerbe bzw. Handwerk behoben werden müssen. Dies kann dann regionale „Sonderkonjunkturen" auslösen.

Bei der **Baustoff-Industrie** fallen bei der Erzeugung ihrer Produkte sehr hohe Bedarfe an Energie und somit energetischer Kosten an. Prozessbedingt haben sie einen sehr hohen CO2-Ausstoß, besonders bei der Produktion von Zement, der der zweithäufigst benutzte Baustoff weltweit ist.[123] Aufgrund des Gewichts der Produkte ist der Transport kostenintensiv. Steigende Energiekosten führen zu einem Anstieg der Produktionskosten. Dennoch ist festzuhalten, dass die Nachfrage von Baustoff-Produkten aufgrund des Renovierungsbedarfs und auch für bauliche Schutzmaßnahmen (z. B. Deiche, Hochwasserschutz) hoch bleibt.[124]

Die **Tourismusbranche** wird vom Klimawandel unmittelbar betroffen sein. Es ist offensichtlich, dass diese Branche von Wettereinflüssen und klimatischen Ereignissen stark abhängig ist. Besonders anfällig ist hier die Wintersaison. Es wird weniger Schnee in tieferen und mittleren Lagen geben, Gletscher werden sich weiter zurückziehen. Die Schneesicherheit wird sich nur noch auf hoch gelegene Gebiete konzentrieren. Bei Regionen, die sehr stark von der Wintersaison abhängig sind, wird dies gravierende Konsequenzen haben. Bei einem Temperaturanstieg von nur 1 Grad würde sich die Zahl der schneesicheren Gebiete um 60 Prozent verringern. In Österreich wären von den derzeit 190 als schneesicher eingestuften Regionen, 35 betroffen. In der Schweiz würde sich die Anzahl der schneesicheren Gebiete um 10 Prozent verringern.[125] Ein Ausgleich durch künstliche Beschneiung ist nur bis zu einem gewissen Ausmaß sinnvoll (entsprechende niedrige Temperaturen), denn dann übersteigen ökonomische und ökologische Kosten den Nutzen.[126] Hier wird man alternative Angebote schaffen müssen.[127]

Die Sommersaison wird voraussichtlich nicht so sensibel reagieren, aber es ist eine Verschiebung der Touristenströme zu erwarten. Es werden mehr Leute in nördlichere als in südliche Regionen fahren. Davon profitieren Badeorte an der Ost- und Nordsee, deren Attraktivität steigen wird. Auch wird sich ein Trend zu kurzfristigen Buchungen abzeichnen, als Reaktion auf aktuelle Wetterlagen. Städte- und Kulturreisen, sowie Fitness- und Gesundheitstrends werden an Attraktivität gewinnen.

---

[118] ebenda
[119] Heymann Eric (2007)
[120] McKinsey&Company (2007)
[121] Deutsche Energie Agentur (2009)
[122] Traublinger Heinrich (2009)
[123] Berenberger Bank und HWWI Hamburger WeltWirtschaftsInstitut (2007) S. 95
[124] Heymann Eric (2007)
[125] OECD (2006)
[126] Berenberger Bank und HWWI Hamburger WeltWirtschaftsInstitut (2007) S. 75 ff
[127] Heymann Eric (2007)

In der Tourismusbranche ist ein Strategiewechsel in den Angeboten nötig. Eine Entwicklung zu mehr gesundheits- und erlebnisorientiertem Ganzjahrestourismus ist gefragt, um den doch gravierenden Veränderungen zu begegnen.[128] Unter dem Aspekt des Klimawandels entdeckt die Tourismusbranche auch die Synergien, die sich bei Urlauben im eigenen Land ergeben und den Wert von kurzen Anfahrtswegen zu Urlaubszielen, die sich mit dem Ziel einer CO2-Reduktion optimal decken und auch die Verteuerung der Mobilität begrenzen.[129]

In diesem Zusammenhang ist auch der **Straßenverkehr** zu nennen. Dieser hat in den letzten Jahren stark zugenommen. Die Tendenz ist klar erkennbar. Durch Steuern und Gebühren soll das Wachstum gesteuert bzw. gedrosselt werden. Des Weiteren zeigte sich durch die extreme Steigerung der Ölpreise im Jahr 2008 eine sprunghafte Verteuerung und Abhängigkeit des Straßenverkehrs vom Ölmarkt bzw. der Verknappung der Ressourcen. Die Preise für die benötigte Energie (Treibstoff) werden auf hohem Niveau bleiben. Verbesserte Technologien führen hier zu einer Reduzierung des Treibstoffverbrauchs und auch des CO2-Ausstoßes. Eine Umstellung der Kfz-Steuer auf den CO2-Ausstoß ist von der deutschen Bundesregierung beschlossen.[130]

Der Straßenverkehr wird durch extreme Wetterereignisse sicherlich immer wieder unmittelbar betroffen sein. Dadurch ergeben sich Beeinträchtigungen in Sicherheit, Pünktlichkeit und Wirtschaftlichkeit. Dies hat auch Auswirkung auf den **Flugverkehr**. Das Passagieraufkommen hat zugenommen und damit auch die Menge der Emissionen. Der Flugverkehr wird ebenso voraussehbar mit zusätzlichen Abgaben belegt werden und es ist geplant die Emissionen in den Emissionshandel einzubinden. Des Weiteren sind entsprechende Kerosinzuschläge zu bezahlen.[131] Bisher ist die Innovationstätigkeit in der Flugbranche unter dem Gesichtspunkt Klimawandel eher gering. Steigender politischer Druck ist zu erwarten.

Der **Güterverkehr** auf der Straße wird noch stärker als der Personenverkehr durch Regularien und Gebühren gesteuert werden. Es wird hier versucht, das Wachstum der Nachfrage zu steuern und eine Umlenkung auf den Schienenverkehr zu erreichen. Der Schienenverkehr wird aufgrund seiner ökologischen Vorteile mit umweltpolitischen Maßnahmen weiter unterstützt werden. Dieser ist somit ein Gewinner im Verkehrssektor. Der Schienenverkehr konnte jedoch nie mit der Flexibilität und Schnelligkeit des Güterverkehrs auf der Straße konkurrieren. Durch eine Verstärkung des Wettbewerbes in diesem Sektor könnte dies jedoch voraussichtlich verbessert werden.[132]

Maschinenbau und Elektrotechnik werden aufgrund der klaren Bestrebungen zu mehr Energieeffizienz zu den Profiteuren des Klimawandels zählen. Sie sollen technische Lösungen zur Verlangsamung des Klimawandels liefern, sie sind „Problemlöser".[133] Dies wird sich sowohl bei Großanlagen wie z. B. Kraftwerken zeigen, aber auch bei Privathaushalten, die z. B. Heizungs- und Klimaanlagen nachfragen und werden auch für gewerbliche Betriebe benötigt. Einen großen Markt stellen die Haushaltsgeräte dar, bei denen es im Konsumenteninteresse liegt aufgrund von hohen Energiepreisen energieeffiziente Produkte zu erhalten und auch zusätzlich politisches Ziel ist, den Stromverbrauch zu senken.[134] Auch die Exportchancen dieses Sektors sind sehr gut zu bewerten.[135]

Die **Automobilindustrie** ist eine Branche, die sehr stark auf den Klimawandel zu reagieren hat und die deutlich unter emotionalem und wirtschaftlichem Erwartungsdruck steht. Der Fokus ist aufgrund des erhöhten Verkehrsaufkommens, der Zunahme an Fahrzeugen und des hohen Anteils dieses Sektors an CO2-Emissionen auf sie gerichtet.[136] Politische, staatliche

---

[128] Berenberger Bank und HWWI Hamburger WeltWirtschaftsInstitut (2007)
[129] Deutscher Tourismusverband e. V. (2009)
[130] Deutsche Bundesregierung (2009)
[131] Heymann Eric (2007)
[132] ebenda
[133] Walter Norbert (2008)
[134] Heymann Eric (2007)
[135] Walter Norbert (2008)
[136] BMU Pressemitteilung, 08.03.2007;
http://www.bmu.de/pressemitteilungen/aktuelle_pressemitteilungen/pm/38833.php, Abruf 15.03.2009

Regulierungsmaßnahmen stellen diesen Industriezweig vor große Herausforderungen. So plant die EU verbindliche CO2-Obergrenzen für neue PKWs. Diese sollen ab dem Jahr 2012 bei 120 Gramm CO2-Ausstoß pro Kilometer liegen. Derzeitiger Flottendurchschnitt liegt bei 160 Gramm je Kilometer. Diese notwendigen Anstrengungen werden Kosten in Forschung und Entwicklung bedeuten um neue adäquate Antriebstechniken für die Zukunft zu finden. Kraftstoffverbrauch muss reduziert werden und auch neue Werkstoffe und Verringerung von Roll- und Luftwiderständen sind in diesem Zusammenhang ein Thema.[137] Intelligentes und verbessertes Energiemanagement bietet hier Perspektiven.[138]

Diese strengen CO2-Werte sind eine klare Vorgabe zu mehr Innovationstätigkeit.[139] Zur Situation der Automobilindustrie sagt Herr Prof. Dr. Norbert Walter von Deutsche Bank Research: „Mit anderen Worten, wir haben nicht hart genug gearbeitet, um den Erfordernissen der Umwelt- und der Ressourcenschonung zu entsprechen."[140] Die so erzwungene Innovationstätigkeit sollte nicht als Risikoinvestition betrachtet werden. Denn langfristig werden die Autohersteller führend sein, die früh in alternative Antriebe investiert haben. Energieeffizienz der Produkte wird ein entscheidender Wettbewerbsfaktor. Und der Wettbewerb unter den Automobilherstellern wird auch weiterhin zunehmen.[141] Die aktuelle „Abwrackprämie" der Bundesregierung für ältere Autos hat die Nachfrage nach neuen Autos vorübergehend extrem stark forciert und beschert dem Autohandel ein momentanes Absatzhoch mit Lieferengpässen.

In der **Chemischen Industrie** gibt es viele Berührungspunkte und Anwendungsgebiete betreffs Klimawandel. Neuartige Werkstoffe sind Bestandteil vieler Klimatechnologien in Energieeffizienz und Dämmung. Die chemische Industrie kann hier den Fortschritt in Maßnahmen gegen den Klimawandel durch Innovationen und effiziente Produkte mit beschleunigen.

Ein Zweig der chemischen Industrie ist die Herstellung von Düngemitteln und Pflanzenschutzmitteln. Nach diesen Produkten wird auch weiterhin eine hohe Nachfrage bestehen.

Die Branche hat selbst einen erheblichen Anteil an den industriellen CO2-Emissionen durch Verwendung fossiler Brennstoffe.[142] Es gibt deutliche Anstrengungen in diesem Sektor die Treibhausgasemissionen zu reduzieren. Im Produktionsprozess werden „Combined Heat and Power-Anlagen" eingesetzt. Hier wird die bei der Energiegewinnung freigesetzte Wärme für chemische Prozesse genutzt. Dieses Verfahren ist energieeffizienter als die getrennte Gewinnung von Wärme und Elektrizität. Hierdurch werden CO2-Emissionen gesenkt und Kosten eingespart.[143] Somit besteht ein starkes Eigeninteresse an energiesparsamen Verfahrenstechniken und Innovationen, die wiederum die Stellung im Wettbewerb stärken.

Durch Belastungen und negative Konsequenzen des Klimawandels für die Gesundheit des Menschen wird die **Pharmazeutische Industrie** eine stärkere Nachfrage nach ihren Produkten haben. Hier sind Mittel im Zuge von Herz-Kreislauf-Beschwerden zu nennen, Verbesserung der allgemeinen Befindlichkeit, Infektionen, Allergien und Wundversorgung. Weiters rechnet man mit einer Zunahme von tropischen Erkrankungen und den dagegen nötigen Impfungen. Dieser Bereich wird voraussichtlich ein höheres Gewicht in der Forschung und Entwicklung erhalten.[144]

„Die **Metallindustrie** ist ein Gemischtwarenladen".[145] Diese Aussage zeigt, es sind positive und negative Auswirkungen zu erkennen. Der Sektor der Metallindustrie gehört zu den energieintensivsten Branchen und somit auch zu den bedeutendsten Verursachern von Treib-

---

[137] Heymann Eric (2007)
[138] McKinsey&Company (2007)
[139] Berenberger Bank und HWWI Hamburger WeltWirtschaftsInstitut (2007)
[140] Walter Norbert (2008)
[141] Berenberger Bank und HWWI Hamburger WeltWirtschaftsInstitut (2007)
[142] ebenda
[143] ebenda
[144] ebenda
[145] Walter Norbert (2008)

hausgasen[146] Dies bedeutet hohe Belastungen für die klimatischen Verhältnisse und auch damit verbundene Kosten. Für den Bau von Kraftwerken und auch alternativen Energieträgern wird weiterhin großer Bedarf an Gütern der Metallindustrie bestehen. Ebenso, wenn man an die Erneuerungen im Gebäudebereich denkt (z. B. Heizungen). Der große Bereich der Automobilindustrie wird aber versucht sein, bei den Autos weiter Gewicht zu reduzieren. Dies kann durch den Einsatz alternativer Werkstoffe erfolgen, sodass hier weniger metallene Bestandteile verarbeitet werden.[147]

Einen enger Zusammenhang mit den Szenarien des Klimawandels besteht in der **Versicherungsbrache**. Hier gibt es erst einmal gewisse Unsicherheiten, wie man zukünftige Risiken einschätzen soll. Die Nachfrage nach Sachversicherungen dürfte steigen. Aus den Folgen von Schäden aufgrund Extremwetterereignisse können umfangreiche Zahlungen resultieren. Es sei hier nur an das Elbe-Hochwasser im Jahr 2002 mit einer Schadenshöhe von 2,5 Milliarden Euro erinnert. Es werden hier Anpassungen an die sich verändernde Situation ergriffen werden. Dadurch werden Versicherungsprämien steigen, es wird höhere Selbstbehalte geben oder bestimmte Risiken werden nicht mehr versicherbar sein und abgelehnt werden. Ein weiterer Ansatz ist es, die Klimarisiken über Finanzmarktprodukte auf den Kapitalmarkt zu übertragen (z. B. Wetter-Derivate oder Katastrophen-Anleihen). Da die Versicherungswirtschaft sich an die verändernde Situation anpassen kann, ist sie hier als neutrale Branche zu sehen.[148]

Die **Wasserwirtschaft** wird zukünftig vermehrt sowohl mit Überschwemmungen als auch mit Trockenperioden konfrontiert sein. Hier ist es wichtig, im Hinblick von Hygiene in entsprechend ausgelegte Kanalsysteme zu investieren bzw. Vorratsbehältnisse für Mangelsituationen zu schaffen.

An diesen Ausführungen ist zu sehen, dass der Klimawandel Veränderungen und Anpassungen in Branchen und Märkten hat. Risken und kritische Situationen bestehen und müssen erkannt werden (siehe auch Abbildung 1). Eine Reduzierung an Treibhausgasemissionen ist aber möglich und auch „ohne Einbußen an Wirtschaftswachstum und Lebensqualität".[149]

Staatliche und politisch motivierte Lenkungsmaßnahmen sind bei der Thematik „Klimawandel" bedeutend und einflussreich.[150] Aber auf der anderen Seite setzen die Maßnahmen der Anpassung und Vermeidung des Klimawandels enorme Potentiale an Innovation und wirtschaftlichen Möglichkeiten frei. Externe Anlässe können eine förderliche Wirkung auf die bestehende Produktpolitik haben und in der Folge Neuentwicklungen forcieren.[151] Qualitätsmerkmale werden eine wichtige Rolle im Wettbewerb spielen. Fachwissen muss in Produkte umgesetzt werden, die dann erfolgreich vermarktet werden wollen.[152] Für „first mover" ergeben sich Wettbewerbsvorteile.[153]

Der Anteil von Forschung- und Entwicklung ist in diesem Bereich deutlich höher als in anderen Industriebereichen. 5 Prozent des Umsatzes zu 3 Prozent. Die Anforderungen an die Qualifikation der Mitarbeiter sind entsprechend hoch.[154]

Ein interessanter Aspekt ist hierbei die zukünftige Ausbildung und Bereitstellung der Fachkräfte um Innovationen, Know how und Qualitätssicherung zu erhalten. Dies auch, um international in diesem Wirtschaftsbereich wettbewerbsfähig zu bleiben.[155]

---

[146] Umweltbundesamt 2008, http://www.umweltbundesamt-umwelt-deutschland.de/umweltdaten/public/theme.do?nodeIdent=2726, Abruf 15.03.09
[147] Heymann Eric (2007)
[148] Berenberger Bank und HWWI Hamburger WeltWirtschaftsInstitut (2007)
[149] McKinsey&Company (2007)
[150] Bundesministerium für Umwelt, Naturschutz und Reaktorsicherheit, Umweltbundesamt (2009)
[151] Scheuch Fritz (2007)
[152] Walz Rainer (2008)
[153] Bundesministerium für Umwelt, Naturschutz und Reaktorsicherheit, Umweltbundesamt (2009)
[154] ebenda
[155] Heymann Eric (2007)

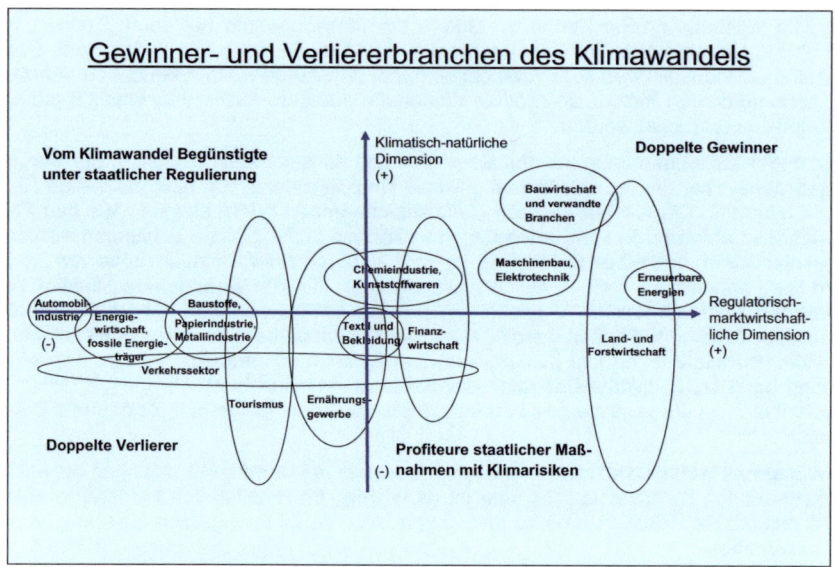

Abb. 1: Gewinner und Verliererbranchen
(Quelle: Deutsche Bank Research) Die Größe der Kreise und Ellipsen spiegelt nicht die Bedeutung der Branchen wider, sondern das Ausmaß der Betroffenheit hinsichtlich der beiden Dimensionen des Klimawandels.

3.3. Klimawandel und Kapitalmarkt

Die Folgen der Erderwärmung haben alle Voraussetzungen um aus Sicht des Kapitalmarkts zu einem Mega-Trend zu werden. Der Markt an „grünen Technologien" kann bis zum Jahr 2030 im Durchschnitt jährlich um 8% wachsen. Dies würde einem Investmentvolumen „in der Größenordnung einer fünfstelligen Milliarden-Dollarsumme"[156] entsprechen. Langfristig gesehen gehören diese mit zu den attraktivsten Kapitalanlagen.

Das globale Marktvolumen für die Erzeugung von erneuerbaren Energien betrug im Jahre 2005 $ 45 Milliarden. Man rechnet bis 2020 mit einem Anstieg auf $ 250 Milliarden.[157]

Es ist von großer Bedeutung für Anleger und Investoren, dass die Märkte für erneuerbare Energien vor einer „dramatischen Volumenserweiterung" stehen. Die internationale Energieagentur erwartet bis zum Jahr 2030 ein Investitionserfordernis von bis zu $ 16.000 Milliarden.[158] Erneuerbare Energien und „grüne" Technologien werden als „bright spots in an otherwise sluggish economy" bezeichnet.[159]

Die Börsenzukunft der erneuerbaren Energien wird als sehr positiv eingeschätzt. Auch wenn es warnende Stimmen gibt, die die rasante Wertentwicklung kritisch sehen und mit der Internet-Blase aus dem Jahr 2000 vergleichen. Hier stehen jedoch Erträge generierende Unternehmen den damaligen auf Geschäftsideen basierenden Werten gegenüber. Somit sind diese nun wesentlich solider.[160]

---

[156] Berenberger Bank und HWWI Hamburger WeltWirtschaftsInstitut (2007), S. 46
[157] ebenda
[158] ebenda
[159] Clean Edge (2008)
[160] Berenberger Bank und HWWI Hamburger WeltWirtschaftsInstitut (2007) S. 62

Aber es gibt auch die Seite, dass Unternehmen den Klimawandel als wirtschaftliches Risiko sehen. Diese werden in Produktionsunterbrechungen, steigenden Kosten aufgrund staatlicher Eingriffe, Wettbewerbs- und Imagenachteilen (Anm. Verf.: durch Nichts-Tun) gesehen.[161]

Anleger und Investoren haben ein Interesse daran, dass klimabedingte Risiken eines Unternehmens, die Energieeffizienz der Produktion, die Höhe individueller Schadstoffmengen oder eine unternehmensspezifische Klimastrategie in den Bilanzen offen gelegt werden.

"Clearly there will be winners and losers in the transition to a low carbon economy and investors should be concerned about companies who are not able to provide the information they require." CDP[162]

Künftig wird es für Anleger aus Renditegründen immer bedeutender werden, die Gewinner des Klimawandels zu identifizieren. Denn diese Unternehmen schaffen sich in wichtigen Bereichen bedeutende Wettbewerbsvorteile.[163]

Für Anleger stehen Finanzprodukte in Form von Einzelwerten von Aktien, Branchenzertifikaten, Themenfonds oder auch Beteiligungen an Emissionszertifikaten zur Verfügung. Neue Investmentprodukte und Fonds werden entwickelt. Umwelttechnologien werden in den nächsten Jahrzehnten in vielen Facetten im Mittelpunkt stehen.[164]

Für die Klima-, Umwelt- und Ressourcenfrage wird prognostiziert, dass sie sich als Einflussfaktor am Kapitalmarkt etabliert. Dies nicht aufgrund eines schlechten Gewissens, sondern als attraktiver Zukunftsmarkt.[165] Für Anleger werden „CSR- bzw. Nachhaltigkeitsratings" entwickelt, um Zusammenhänge zwischen ökononomischen, ökologischen und sozialen Faktoren darzustellen und somit Entscheidungsgrundlagen in diesen Kriterien selbstverständlich werden.[166]

3.4. Mega-Trend „Klimawandel / Nachhaltigkeit"

Da Maßnahmen gegen den anthropogenen Klimawandel nur durch Handlungen erreicht werden können, die auch nachhaltig (im Sinne der Ressourcen-Schonung wie oben definiert) wirken, besteht zwischen beiden Begriffen eine Art symbiotische Beziehung. Vermeidung oder Anpassung an den Klimawandel impliziert nachhaltiges Verhalten. „Ressourcen sparende Innovationen" verknüpfen in ihrer Begrifflichkeit schon diese beiden Bedeutungen zu einer Einheit.[167] Eindämmung des Klimawandels und Nachhaltigkeit gelten heute als ein Mega-Trend in der Wirtschaft.

Kotler, Bliemel definieren nach Naisbitt einen Mega-Trend folgendermaßen:

> „Ein Megatrend ist eine breite soziale, wirtschaftliche, politische und technologische Veränderung, die sich langsam bildet und die, wenn in Kraft, lange von Einfluss ist."[168]

Eine Definition nach Burmeister wäre folgende:

> „Mega-Trends stehen für langfristig wirkende, übergreifende Transformationsprozesse in Wirtschaft und Gesellschaft. Als treibende Faktoren prägen sie

---

[161] Carbon Disclosure Project (2006)
[162] Carbon Disclosure Project (2008)
[163] Schmitt Thomas, Trabert Heidi (2008)
[164] Berenberger Bank und HWWI Hamburger WeltWirtschaftsInstitut (2007)
[165] Burmeister Klaus, Glockner Holger (2008)
[166] Köhler Susanne, Haderlein Andreas (2007) S. 21
[167] Sehr eng damit verbunden werden in neuerer Zeit weiters noch die Begriffe „Social Responsibility", „Sustainability" oder ganz allgemein auch „Umweltbewusstsein". Diese werden oft synonym verwandt, eine bestimmte Sichtweise, eben verantwortungsbewusst handelnd, betreffend.
[168] Kotler Philip, Bliemel Friedhelm (2001), S. 280 f

maßgeblich die Umfeldbedingungen von Märkten, Kunden und Unternehmen".[169]

Beide Definitionen treffen auf die Situation „Klimawandel" zu. In die Marktsituation sind alle genannten Faktoren Wirtschaft, Gesellschaft, Politik und technische Veränderungen involviert. Die „treibenden Faktoren" (teilweise auch staatlich initiiert) entwickeln ihre Kraft und schaffen Marktbedingungen.

Mega-Trends verdienen die höchste Aufmerksamkeit im Marketing eines Unternehmens. Produkte und Marketingprogramme sind höchstwahrscheinlich erfolgreich, wenn sie auf so einer Trendlinie liegen.[170] Dieser Trend muss nicht über alles andere gestellt werden, aber es sollte ihm schon ein hoher Stellenwert beigemessen werden, der zu entsprechenden Konsequenzen in der Unternehmensstrategie und im unternehmerischen Handeln führt. Dies muss natürlich auf Grundlage betriebswirtschaftlicher Kriterien und Finanzierbarkeit erfolgen.

Dazu gehört es auch, neue und innovative Produkte, die zur Verringerung des Klimawandels beitragen, gezielt am Markt zu platzieren, zu positionieren und zu bewerben.

Im **Umweltbewusstsein** der Bevölkerung wird der Klimawandel verstärkt wahrgenommen. Dazu kommt weiter die Erkenntnis, dass dieser auch den privaten Bereich betrifft. Nach den wichtigsten heutigen Problemen in Deutschland befragt, antworten 25% der Deutschen: „den Umweltschutz".[171] Der Klimawandel hat in der Problemwahrnehmung zugenommen. Fast jeder zweite Deutsche fühlt sich durch den Klimawandel persönlich bedroht.[172]

Hier könnten Unternehmen diesen Megatrend aufgreifen und sich als „Problemlöser" profilieren, indem sie dem Konsumenten entsprechende „Sorge" abnehmen und Produkte und Lösungen anbieten, die zu einer Verringerung der Treibhaus-Emissionen führen. Es kann somit Vertrauen aufgebaut werden, dass zu einer neuen Positionierung des Unternehmens im Kunden-Bewusstsein führt und Grundlage einer langfristigen Anbieter-Nachfrager-Beziehung ist.[173]

Zugunsten dieser langfristigen Perspektive müssen eventuell bestehende kurzfristige marktorientierte Ziele verändert werden, um sich diesen Zukunftsmarkt zu erschließen. Dies bedeutet, dass diesem Trend ein höherer Stellenwert im Unternehmen beigemessen wird und man versucht, sich diese Märkte über Strategieentwicklung und Innovationsmanagement zu erschließen. Das World Business Council for Sustainable Development (WBCSD) definiert diesen Anpassungsprozess als „Environmental innovation" in Form eines Kreislaufs mit folgenden Schritten:

> understand environmental challenges and trends toward rewards for innovative technologies,

> design innovative technologies and advocate frameworks for policy solutions

> invest in green technologies – drive down costs – increase capability,

> measure strategy's success through impact on environment and potential future market as well as profit.[174]

Hintergrund muss sein, dass dieser Anspruch einer Überprüfung durch die Verbraucher standhält. Die Erwartungshaltungen sind hier hoch und sollten nicht enttäuscht werden, da sonst sehr rasch Vertrauensverlust und Schaden für das Unternehmen entstehen können.

---

[169] Burmeister Klaus (2008) http://csr.bosch.com/content/language1/html/4764_DEU_XHTML.aspx, Download 09.02.09, 23.44 Uhr
[170] Kotler Philip, Bliemel Friedhelm (2001)
[171] Bundesministerium für Umwelt, Naturschutz und Reaktorsicherheit (2006)
[172] ebenda
[173] Meffert Heribert, Burmann Christoph, Kirchgeorg Manfred (2008)
[174] WSB (2006), From Challenge to Opportunity,
http://www.wbcsd.org/plugins/DocSearch/result.asp?txtDocText=&txtDocTitle=challenge&SelChar5=-1&SelChar17=-1&cboMonth=&cboYear=01.01.2006, Abruf 14.03.09, 13.30 Uhr

4. Klimawandel + Marketing

4.1. Moderne Marketingansätze

Die Märkte eines Unternehmens sind dynamischen Veränderungen unterworfen. Die Dynamik drückt sich in Veränderungen der Art und Anzahl von Transaktionen zwischen den Marktteilnehmern aus. Die neue Gewichtung des ökologischen Bewusstseins steht in Wechselwirkung mit der Mikroumwelt (Konsumenten, Lieferanten, Handel, Konkurrenten, die „Aufgabenumwelt") und der Makroumwelt (übergeordnete Unternehmenseinflüsse, die nicht kontrolliert werden können) des Unternehmens.

Die natürliche Umwelt des Unternehmens ist als übergeordnetes System zu verstehen, in das die anderen Umweltsphären und die Mikroumwelt eingebettet sind. Die Beeinträchtigung der Entwicklungsfähigkeit der ökologischen Umwelt hat Auswirkung auf die „Überlebensfähigkeit" der anderen Umweltsphären des Unternehmens. Diese sind in hohem Maße miteinander verbunden und Veränderungen können tief greifende Auswirkungen auf anderen Umweltebenen haben.[175] Die Anspruchsgruppen von Unternehmen sind heutzutage wesentlich stärker vernetzt und haben größere Möglichkeiten ihre Anliegen zu artikulieren und öffentlichen oder politischen Druck auszuüben, der zu Image- und Umsatzverlust, bis zu Legitimitätskrisen, führen kann.

Zukünftige Rahmenbedingungen, in denen sich das Marketing bewegt, werden durch „politisch-rechtliche, sozio-kulturelle, ökonomische, technologische und ökologische Herausforderungen geprägt".[176] (Abbildung 2)

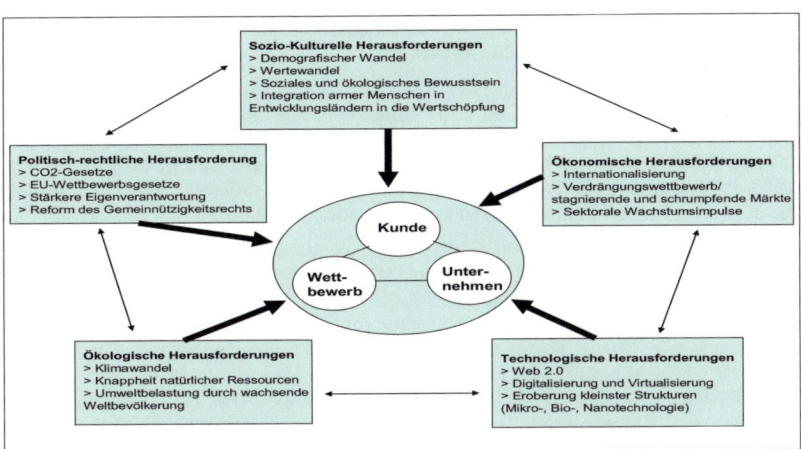

Abb. 2: **Herausforderungen und Megatrends der marktorientierten Unternehmensführung**
(Quelle: in Anlehnung an Meffert, 2008)

Die Regulierungen zum Ausstoß der CO2-Emissionen aufgrund des Klimawandels ist bei den **politisch-rechtlichen Herausforderungen** das große Thema. Damit eng verbunden sind die **ökologischen Herausforderungen** mit ihren Auswirkungen auf fast alle Bereiche der Makro-Umwelt. Diese werden zukünftig zu den „größten langfristigen Herausforderungen der Unternehmensführung und des Marketing avancieren."[177] Der Entwicklung energieeffi-

---

[175] Meffert Heribert, Burmann Christoph, Kirchgeorg Manfred (2008) S. 45 ff
[176] Meffert Heribert, Burmann Christoph, Kirchgeorg Manfred (2008) S. 847 ff
[177] ebenda

zienter Technologien ist, vor dem Hintergrund des Klimawandels, besondere Aufmerksamkeit zu schenken.

Der demografische Wandel mit seinen Auswirkungen auf die Bevölkerungsstruktur ist bei **den gesellschaftlichen Herausforderungen** besonders zu betonen.

Es findet ein Wertewandel in der Bevölkerung statt. Dieser beinhaltet auch ein stärkeres ökologisches Bewusstsein vor dem Hintergrund des Klimawandels. Der grundsätzliche Wunsch nach mehr nachhaltiger Entwicklung zieht sich durch alle Stakeholder in Wirtschaft und Gesellschaft. Daneben ist eine zunehmende Individualisierung, Streben nach Unabhängigkeit und Selbstverwirklichung zu erkennen mit einem Trend zu materiellen und postmateriellen Werten („Wiederkehr der Religionen").[178]

Die Internationalisierung bei den Absatz-, Beschaffungs- und Finanzmärkten ist bei den **ökonomischen Herausforderungen** zu erwähnen. Bedeutsamstes Wachstumsfeld der Industrienationen wird die Nutzung neuer Technologien sein. Dieses leitet über zu den **technologischen Herausforderungen**. Diese werden weiterhin die treibende Kraft sein. Die wachsende Bedeutung des Internets wird als neue Form der Kommunikation, mit neuen Möglichkeiten, gesehen.

Entscheidungstatbestände und Entscheidungen des Marketings müssen die Herbeiführung und Gestaltung von Austauschbeziehungen ermöglichen.[179] Das Marketing hat eine Selektionsaufgabe. Es muss Teilmärkte und Zielgruppen auswählen und zwischen unterschiedlich wirksamen Maßnahmen entscheiden.

Im engeren Kreis des Marketings hat dies Auswirkungen auf Kunden, Unternehmen und den Wettbewerb, in dem diese stehen.

Dieser „Outside-Inside-Ansatz"[180] stellt dar, dass ausgehend von außerbetrieblichen Sachverhalten die innerbetrieblichen Entscheidungen gestaltet werden und das weitere Marketingumfeld verstanden und überwacht werden muss.

Das **Konsumverhalten** wird geprägt sein von mehr älteren Konsumenten und deren Bedarfe. Bei den Konsumwünschen gibt es eine stärkere Individualisierung und Hinwendung zu mehr persönlicher Entfaltung. Zielgruppen verändern sich und zeigen weiterhin „hybrides" Konsumverhalten mit niedrigpreisigen Alltagsgütern und einem Bedarf an Luxusgütern. Es findet eine ästhetische Lebensorientierung statt. Produkte müssen zum individuellen Lebensstil passen und sind Ausdruck der eigenen Persönlichkeit.

Bei den **Unternehmen** ist das E-Business fester Bestandteil ihres Geschäftsalltags. Das Internet ist für Kommunikation und Vertrieb nicht mehr wegzudenken. Interaktive Kommunikationstechnologien sind für eine erfolgreiche Gestaltung der Kundenbeziehung nötig. Dem gesellschaftlichen Verlangen nach mehr Verantwortung der Unternehmen wird durch Etablierung des „Corporate Social Responsibility" (CSR) Rechnung getragen. Gesellschaftliche Verantwortung wird als Legitimation für wirtschaftliches Handeln gesehen. Es entsteht das Recht auf Gewinn durch Schaffung von Nachhaltigkeit. Auch hier zeigt sich wiederum, wie unter anderem der Klimawandel Entwicklungen und wirtschaftliches Handeln beeinflusst. Durch pro aktives Handeln können Unternehmen auf die Veränderungen des Umfeldes reagieren und diese für das Unternehmen selbst positiv mitgestalten.

In diesem „Wandel des Zeit-Zusammenhangs" können sich eventuell grundsätzliche Fragen zum Unternehmensauftrag stellen: „Was ist unser Geschäft?, Wer ist unser Kunde?, Was ist für den Kunden von Wert?, Was wird künftig unser Geschäft sein?, Was sollte unser Geschäft sein?"[181] Es ist nötig die „Werte-DNA"[182] kritisch zu überprüfen. Dabei soll Klarheit über die Ausgangslage und Werte sichernde zukünftige Ziele geschaffen werden.

---

[178] ebenda
[179] Scheuch Fritz (2007)
[180] Kotler Philip, Bliemel Friedhelm (2001)
[181] ebenda
[182] Köhler Susanne, Haderlein Andreas (2007) S. 85

Bei ihrer Marketingstrategie müssen Unternehmen sich neben der Orientierung an zukünftigen Geschäftsbereichen auch mit dem Rückbau alternder Geschäftsbereiche befassen. Solche Bereiche binden oftmals sehr viel unternehmerische Energie und beanspruchen die Unternehmensleitung sehr stark. Diese müssen abgestoßen oder rückgebaut werden. Ziel des „Business Reengineering" ist es, durch Konzentration auf die Funktionen, Kompetenzen und Organisationsbestandteile des Unternehmens, die dem Wettbewerb standhalten, dieses wettbewerbsfähig zu halten.[183] Voraussetzung für den Erfolg bleibt weiterhin die Ausrichtung an der Vermehrung des Kundennutzens und das Unternehmen im Wettbewerb effektiver agieren kann.

Der **Wettbewerb** unter Unternehmen wird bestehen bleiben. Dennoch werden teilweise Allianzen und Netzwerke gebildet, um hohe Investitionen und Dynamiken besser bewältigen zu können. Der Faktor Zeit wird weiterhin versucht werden, auf ein Minimum zu reduzieren. Durch die verschiedenen strategischen Kooperationen kommt es zu einer „Erosion der Firmen- und Branchengrenzen".[184] Die Innovationsstärke ist Ansatzpunkt für die Erschließung neuer Märkte. Auch in diesem Bereich besteht die Möglichkeit einer Werteorientierung als neuer Erfolgsfaktor in allen Phasen des Innovationsbereiches.[185]

Wie wir sehen, vollzieht sich Marketing im Kontext dynamischer Umweltbedingungen und wird maßgeblich von deren Veränderungen geprägt.[186] Im Gegensatz zum traditionellen Denken im Marketing, dessen Ansatz eine Kombination von Werben und Verkaufen war, etablieren sich moderne, kundenorientierte und verantwortungsbewusstere Ansätze.

Das Wissen über die Bedürfnisse der Kunden wird verbessert und man möchte langfristige Verbindungen zu ihnen aufbauen. Innovationen werden eingesetzt um den Kunden zu überzeugen und zu halten. In der Kommunikation werden schlüssige und durchaus auch wichtige Botschaften vermittelt. Dabei steht nicht nur reines Gewinnstreben im Vordergrund, es entwickelt sich auch eine Wachheit gegenüber Verantwortung zu Gesellschaft und Ökologie.

Kotler et al. definieren Marketing als „einen sozialen und unternehmerischen Vorgang, in dessen Verlauf Individuen und Gruppen das erhalten, was sie benötigen, indem sie Produkte und Werte erstellen und mit ihnen tauschen".[187]

Ein „aufgeklärtes Marketing"[188] hat folgende Leitlinien:

Kundenorientierung: Die Perspektive des Kunden ist wichtig, über diese werden andauernde und profitable Beziehungen entwickelt.

Innovation als Angebotsprinzip: Es werden echte Verbesserungen und Lösungen am Produkt angestrebt.

Dauerhafte Wertsteigerung: Durch kontinuierliche Nutzenverbesserung wird eine langfristige Kundentreue aufgebaut.

Unternehmensmission als Marketing-Tool: Die Unternehmensmission bezieht sich auf das gesamte unternehmerische Umfeld und alle Produkte. Schafft klare Vorstellungen über Ziele und Strategien, erhöht die Identifikation der Mitarbeiter.

„Wohlfahrtsbedachtes Marketing": Es werden Entscheidungen entsprechend der Wünsche und langfristigen Interessen der Konsumenten, des Unternehmens und der langfristigen Interessen der Gesellschaft getroffen.

> „Das Marketing dient nicht nur der Erzielung von Gewinnen, sondern trägt auch eine gesamtgesellschaftliche Verantwortung und muss auch für die Erhaltung einer gesunden Umwelt eingesetzt werden."[189]

---

[183] Kotler Philip, Bliemel Friedhelm (2001)
[184] Meffert Heribert, Burmann Christoph, Kirchgeorg Manfred (2008) S. 854
[185] Silberer Günter (2004)
[186] Meffert Heribert, Burmann Christoph, Kirchgeorg Manfred (2008)
[187] Kotler Philip, Armstrong Gary, Saunders John, Wong Veronica (2007), S. 71 ff
[188] ebenda 241 ff

Wie hier definiert wurde, hat modernes Marketing noch erheblich weitere Bereiche zu berücksichtigen, als nur den Verkauf von Produkten. Es findet ein „Deeping"[190] über die rein ökonomischen Gewinnziele hinaus statt. Neben dem Kunden werden auch stakeholder bezogene Wirkungen mit in die Überlegungen einbezogen. Es vollzieht sich im Kontext mit neuen gesellschaftlichen Wertvorstellungen und einer Beziehungsebene zu Kunden und Mitarbeitern. Diese Entwicklung lässt sich auch vor dem Hintergrund des Klimawandels mit erklären.[191] Der Klimawandel hat hier mit zu einem Wandel an Ansichten geführt. Marketing soll auch das Wohl der Gesellschaft mit im Auge behalten.[192] Dennoch bleibt der unternehmerische Erfolg im Mittelpunkt des Geschehens. Dieser wird durch Innovation und Berücksichtigung neuer und verantwortungsbewusster Unternehmensumfelder realisiert. Die Transformation von Umweltvorteilen in Wettbewerbsvorteile ist wesentlicher Ansatzpunkt. Hier bietet der Klimawandel große Möglichkeiten, um sich zu profilieren und verantwortungsbewusst handelnd, in einem neuen Markt, unternehmerischen Erfolg zu erzielen.

Entsprechend der modernen Orientierung des Marketings, ist es für Unternehmen eine Aufgabe die Balance zwischen Profitorientierung, Konsumenten- / Kundenbedürfnissen sowie gesellschaftlichen Ansprüchen zu finden.[193]

Unternehmen agieren nicht im luftleeren Raum, sondern sind in größere Zusammenhänge, das Makro-Umfeld, eingebettet. Diese können von dem einzelnen Unternehmen nicht kontrolliert werden. Zu den Makro-Umfeldern des Unternehmens zählen:[194]

> Demografische Entwicklung
> Ökonomie
> Umwelt
> Technologie
> Politik
> Kultur

Sie sollen im Rahmen einer Chancen-/Risiken-Analyse[195] erfasst und analysiert werden und fließen in die strategische Marketingplanung mit ein. Es sollen alle Möglichkeiten genutzt werden negative Einflüsse zu verhindern und Hauptrisiken und Hauptchancen identifiziert werden. Der Klimawandel zählt also zu den Veränderungen im Makro-Umfeld des Unternehmens.

Durch die Erstellung des Marketingkonzeptes unter Berücksichtigung der Makro-Umwelt wird versucht ein Wertangebot für den Zielmarkt des Unternehmens zu erstellen, dieses zu kommunizieren und dann wirtschaftlicher und effektiver zu verwirklichen als die Wettbewerber.[196]

Nebenbedingungen bzw. „Restriktionen" muss im Planungsprozess gebührende Beachtung geschenkt werden, da ihre Missachtung bedeutende Folgen auslöst. Diese wären:

> geringerer Zielerreichungsgrad

> Undurchführbarkeit von Maßnahmen

> Reaktion betroffener Umweltbereiche mit vernetzten und eventuell nicht mehr steuerbaren Folgewirkungen[197]

Bei Entwicklung eines Marketingplans sind auch die Umweltentwicklungen mit zu berücksichtigen:

> Entwicklung der Ressourcen

---

[189] ebenda
[190] Meffert Heribert, Burmann Christoph, Kirchgeorg Manfred (2008) S. 869 f
[191] ebenda
[192] Kotler Philip, Armstrong Gary, Saunders John, Wong Veronica (2007), S. 46
[193] ebenda
[194] Kotler Philip, Armstrong Gary, Saunders John, Wong Veronica (2007)
[195] Meffert Heribert, Burmann Christoph, Kirchgeorg Manfred (2008) S. 869 f
[196] Kotler Philip, Bliemel Friedhelm (2001), S. 51
[197] Scheuch Fritz (2007)

> Technologische Entwicklungen

> Gesellschaftliche Entwicklungen

> Ökonomische Bedingungslagen / Trends

> Abbildung erwarteter Entwicklungen durch Szenarien[198]

Im Fokus steht das Erschließen und Ausschöpfen aller internen und externen Potenziale des Unternehmens. Hier ist die Kundenperspektive und die Leistungsperspektive als zentrale Faktoren für Wachstum und Erfolg zu sehen (siehe Abbildung 3). Die Kundenorientierung, das „Denken und Fühlen mit dem Kopf des Kunden", ist der wichtigste Erfolgsfaktor im Geschäftsleben.[199]

Die vier Kernaufgaben des Marketing (Abbildung 3):

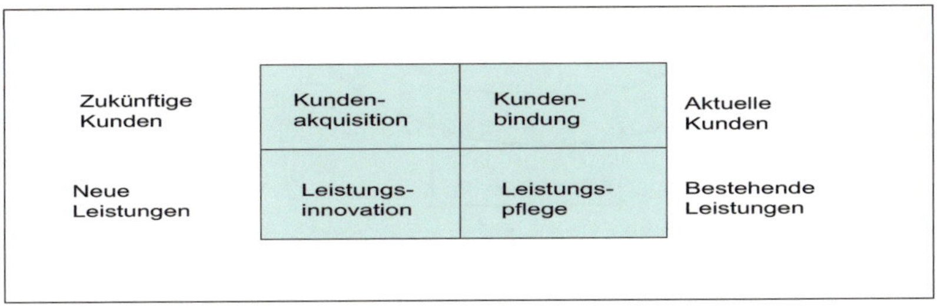

	Kunden-akquisition	Kunden-bindung	
Zukünftige Kunden			Aktuelle Kunden
Neue Leistungen	Leistungs-innovation	Leistungs-pflege	Bestehende Leistungen

Abb. 3: Vier Kernaufgaben des Marketing (Quelle: Tomczak/Reinecke, 1998)

In ermittelten Zielprioritäten von Unternehmen[200] zeigte sich, dass die Sicherung der Wettbewerbsfähigkeit und die langfristige Gewinnerzielung die höchsten Prioritäten erzielen, kurzfristige Gewinnerzielungsabsichten haben dagegen eine geringe Bedeutung. Umweltschutzziele stehen mit den wichtigsten Unternehmenszielen in einer komplementären Beziehung, d. h. „ein verstärktes Umweltschutzengagement verbinden Unternehmen mit der Verbesserung der Wettbewerbsfähigkeit und der Steigerung der langfristigen Gewinnziele."[201]

Psychische und soziale Prozesse sind als Bedingungsrahmen und als „kaufverhaltensbeeinflussend"[202] mit zu berücksichtigen.

Durch **„psychografische Marketingziele"**[203] soll eine Beeinflussung und Änderung des Kaufverhaltens bewirkt werden. Motive, Einstellungen und Images sollen die Bereitschaft und Wahrscheinlichkeit des Kaufs erhöhen. Folgende Ziele werden verfolgt:

> Erhöhung der Bekanntheit

> Erzielung von Wissenswirkung

> Veränderung / Verstärkung von Einstellungen und Images

> Erhöhung der Präferenz

> Verstärkung der Kaufabsicht

> In Abbildung 4 ist der Marketingprozess schematisiert als Feedback-Schleife dargestellt.[204]

---

[198] ebenda, S 216
[199] Trommsdorff Volker (2009)
[200] Kotler Philip, Bliemel Friedhelm (2001), S. 244
[201] ebenda
[202] Scheuch Fritz (2007)
[203] Kotler Philip, Bliemel Friedhelm (2001), S. 247
[204] Prose Friedemann, Kupfer Dirk, Hübner Gundula (1994)

Klimawandel + Marketing

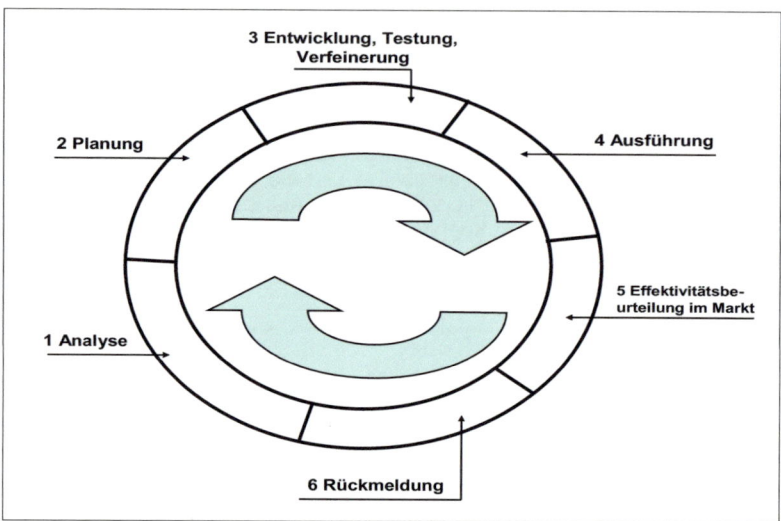

Abb. 4: Marketing-Zyklus
(in Anlehnung an Projekt Klimaschutz – Inst. F. Psychologie, UNI Kiel)

Bei aller Sympathie und Notwendigkeit des „klimapolitischen Ansatzes" im Marketing, dürfen **Grundsätze der wirtschaftlichen Effizienz**[205] nicht aus dem Auge verloren werden.

Ein marktwirtschaftliches System strebt nach einer optimalen Versorgung der Gesellschaft mit Gütern und Dienstleistungen. Die knappen Ressourcen müssen effizient eingesetzt werden und es herrscht ein offener Markt (wobei der Staat hier ordnend eingreift) mit Konkurrenz, freiem Verkehr der Güter, Freiheit der Information und informierten Verkäufern. Die gegenseitige Konkurrenz ist Voraussetzung um beste Produkte und Dienstleistungen anzubieten und schafft Voraussetzung für Innovationen. Die Marktteilnehmer müssen, um Gewinne zu erzielen, natürlich auch genau auf Ihre Kosten achten.

Grundlegenden betriebswirtschaftlichen Parameter sind:

> Gewinn- und Rentabilitätsziele (ROI)

> Liquiditätsziele

> Umsätze

> Deckungsbeiträge[206]

Um diese grundsätzlichen unternehmerischen Eckpunkte positiv und erfolgreich weiter zu entwickeln, ist ja eine Anpassung an die sich verändernden Umwelt- / Umfeldbedingungen des Unternehmens, die der Klimawandel mit sich bringt, nötig. Das Ziel muss sein, bewusst und interessiert diese Veränderungen wahrzunehmen und die nötigen Schritte zur Erreichung der Unternehmensziele zu verfolgen. Auch die Offenheit vieler Personen für Klimaschutzmaßnahmen zu registrieren und seine Angebote diesem Trend entsprechend zu modernisieren. Etwa 2/3 der Bevölkerung sind überzeugt, dass sich eine konsequente Umweltpolitik positiv auf die Wettbewerbsfähigkeit der Wirtschaft auswirkt.[207]

---

[205] Kotler Philip, Armstrong Gary, Saunders John, Wong Veronica (2007)
[206] Scheuch Fritz (2007)
[207] Bundesministerium für Umwelt, Naturschutz und Reaktorsicherheit (2006)

5. Klimawandel + Konsumentenverhalten

5.1. Wertewandel, Bestimmungsfaktoren

Von Interesse ist es, wie sich das Thema „Klimawandel" im Konsumentenverhalten auswirken könnte. Wie oben erwähnt vollzieht sich in unserer Gesellschaft ein Wertewandel, unter anderem auch hin zu mehr ökologischem Bewusstsein. Hintergrund dürfte das verstärkte Wahrnehmen des Klimawandels sein.[208]

„Werte sind besonders allgemeine und grundlegende Ziele von Konsumenten" und sie sind „elementare Vorstellungen bzw. Konzeptionen des Wünschenswerten".[209] Sie haben einen Innen- und Außenaspekt. D. h. sie sind Maßstäbe für die Beurteilung des eigenen Handelns und sind Leit- oder Richtlinien für die Wahrnehmung der Umwelt des Einzelnen.[210] Werte werden durch Sozialisationsprozesse vermittelt.

Werte sind ein komplexes Konstrukt. Dies hat drei Gründe:

> Objektkomplexität: Werte umfassen viele Einstellungen, zu vielen Objekten.

> Normative Komplexität: Werte sind verbindlicher, sie stehen in Verbindung mit Belohnung und Bestrafung.

> Soziale Komplexität: Werte verbinden den Einzelnen mit seiner Umwelt.[211]

Im Sinne eines Wertewandels vollziehen sich Einstellungsänderungen innerhalb sozialer Einheiten (Zielgruppen), ein bestimmter Wert ist dort homogen angesiedelt und hat „ein hohes Auswirkungspotential auf den Absatz ganzer Produktgruppen".[212] Dort empfiehlt es sich, spezielle absatzpolitische Maßnahmen zu entwickeln.

Ein **Wertewandel** ist kaum vorherzusagen, aber er kann festgestellt werden. „Der Wertewandel (Anm. Verf.) stellt eine (langsame) Verschiebung des Gewichts / der Bedeutung von Werten im Zeitablauf dar, die in einer Gesellschaft verbreitet und akzeptiert sind".[213] Hier hat vor allem der Wert „Umwelt" eine hohe Aufwertung erfahren. Dieser Trend hat Spuren im „(partei)politischen Spektrum und auch im Arbeits-, Freizeit-, Kauf- und Konsumentenverhalten"[214] hinterlassen. Bei der Diskussion um den Wertewandel, im Zusammenhang mit dem Klimawandel, ist zu sehen, dass diese sicherlich nicht frei von politischen Interessen ist. Werte können wegen ihrer hohen Verbindlichkeit Ansatz für politische Beeinflussung sein. So ist der Klimawandel, mit erlebten Erfahrungen von Wetterextremen, mit ein Grund, „dass sich grünes Gedankengut" (hier auch als Sinnbild für den Verbraucher gemeint, Anm. Verf.) in der Mitte der Gesellschaft manifestiert.[215]

Aufgrund der Auswirkungen des Käuferverhaltens auf die gesamtwirtschaftliche Situation und die konjunkturelle Entwicklung, ist dies natürlich auch ein Bereich von politischem Interesse. Im Bereich des Umweltschutzes findet man immer wieder politische Instrumente, die eingesetzt werden (Öffentlichkeitsarbeit, finanzielle Anreize, Verbrauchssteuern), um das Konsumentenverhalten zu beeinflussen.[216] Jüngstes Beispiel ist hier die „Abwrackprämie" für den Erwerb neuer, umweltfreundlicherer Autos mit einem geringeren CO2- und Schadstoff-Ausstoß.

Somit ist klar zu erkennen, dass Käuferverhalten von externen Faktoren (**Außenreize oder interpersonale Bestimmungsfaktoren**) mit beeinflusst wird. Diese sind Bestandteil der Kultur einer Gesellschaft. Jeder Konsument (und auch gewerbliche Einkäufer) ist in vielfältige

---

[208] ebenda, S. 14
[209] Kuß Alfred, Tomczak Torsten (2004)
[210] Kroeber-Riel Werner, Weinberg Peter, Gröppel-Klein Andrea (2009), S 265
[211] Trommsdorff Volker (2009), S. 174
[212] ebenda
[213] Kuß Alfred, Tomczak Torsten (2004), S. 36 f
[214] ebenda
[215] Köhler Susanne, Haderlein Andreas (2007) S. 9
[216] Kuß Alfred, Tomczak Torsten (2004), S. 15

kulturelle, soziale und ökonomische Beziehungen eingebunden. Konsumbezogene Aktivitäten haben im Hinblick auf persönliche Glücks- und Zufriedenheitsgefühle und ihre soziale Akzeptanz große Bedeutung.

Die Kultur bestimmt als Umwelt des Konsumenten sein Verhalten.[217] Sie wird durch Sozialisation gelernt, in der die Erfahrungsumwelt und die Medienumwelt zusammen wirken.

Durch persönliche Erfahrungen lernt der Einzelne Kultur direkt kennen. Dies vollzieht sich durch Kontakt und Kommunikation mit Menschen, durch Eindrücke, durch Gegenstände und Einrichtungen.

Die Medien liefern ebenfalls Beiträge, die Kultur nahe bringen. Sie geben Informationen und Aufschluss über Wissen, Fühlen, Denken und Handeln in einer Gesellschaft.

Durch diese direkten und medialen Erfahrungen lernt der Konsument die kulturelle Umwelt kennen, die seinen Verhaltensspielraum wesentlich abgrenzt. Erfahrungsumwelt und Medienumwelt beeinflussen das emotionale, kognitive und beobachtbare Verhalten (siehe Abbildung 5). Kulturelle Muster vermitteln Wertorientierungen und somit grundlegende menschliche Zielvorstellungen.[218]

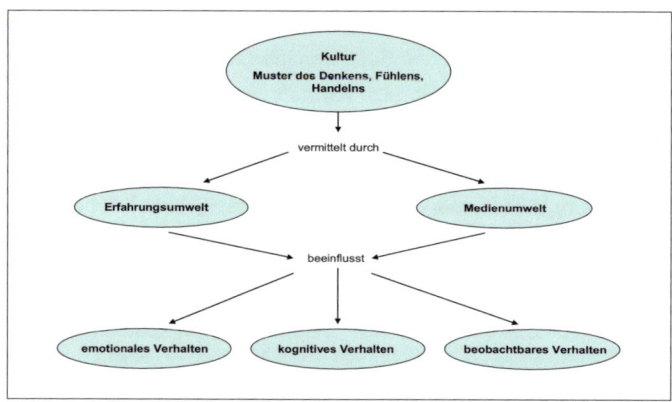

Abb. 5: Beziehung zwischen Kultur und Verhalten
(Quelle in Anlehnung an Kroeber-Riel et al. 2009)

Die im Konsumenten selbst liegenden Faktoren (**Innenreize, intrapersonale Faktoren**) sind interne, psychologische Konstrukte, die unterschiedliche Komplexität haben. Sie werden nach Kroeber-Riel et al. in aktivierende und kognitive Prozesse unterteilt.[219] Die aktivierenden Vorgänge umfassen Emotion, Motivation, Einstellung und haben durch ihre Aktivierungskraft die Möglichkeit menschliches Verhalten anzutreiben.

Die kognitiven Vorgänge werden eingeteilt in Wahrnehmung, Beurteilung, Entscheidung, Lernen und Gedächtnis. Sie sind Prozesse der gedanklichen Informationsverarbeitung.

Aktivierende und kognitive Vorgänge bilden komplexe Prozesse einer Interaktion, mit jeweils einer stärkeren Ausprägung in die eine oder andere Richtung. Einen Überblick über dieses Variablensystem gibt Abbildung 6.

---

[217] Kroeber-Riel Werner, Weinberg Peter, Gröppel-Klein Andrea (2009), S 578 ff
[218] ebenda
[219] Kroeber-Riel Werner, Weinberg Peter, Gröppel-Klein Andrea (2009)

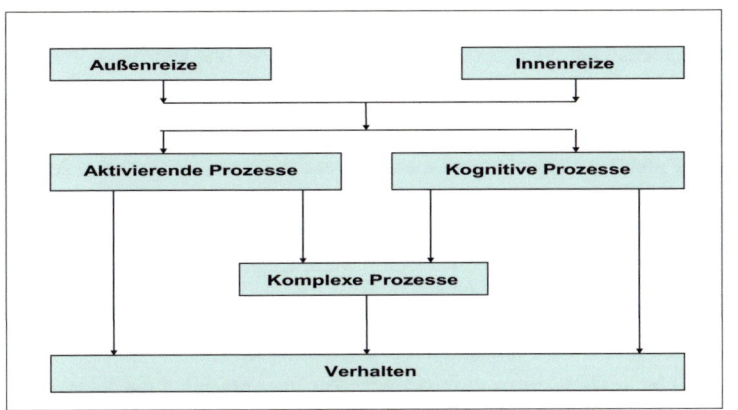

Abb. 6: Variablensystem Außenreize-Innenreize
(Quelle: in Anlehnung an Kroeber-Riel et al. 2009)

5.2. Käuferverhalten, Aktiviertheit

Kauf wird stark durch kulturelle, soziale, persönliche und psychologische Umstände beeinflusst.[220] Siehe Abbildung 7.

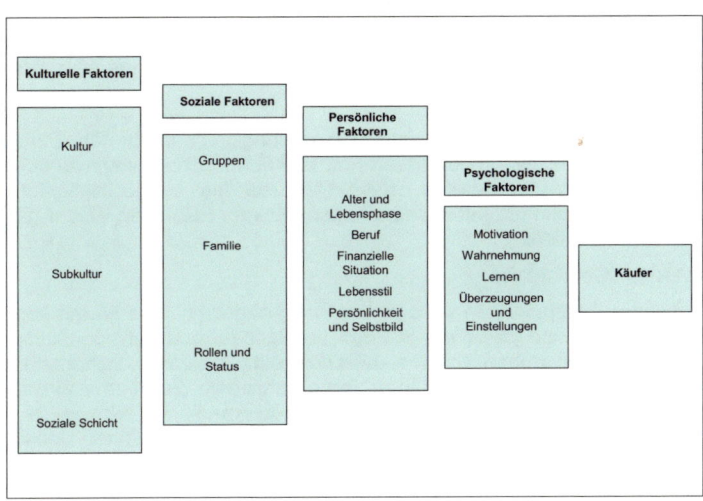

Abb. 7: Einflussfaktoren auf den Käufer
(Quelle: in Anlehnung an Kotler et al. 2007)

Das Käuferverhalten selbst hat Prozesscharakter. Es lässt sich in einzelne Phasen gliedern:

Wahrnehmung des Bedarfs => Informationssuche => Bewertung von Alternativen => Kaufentscheidung => Verhalten in der Nachkaufphase.[221]

---

[220] Kotler Philip, Armstrong Gary, Saunders John, Wong Veronica (2007)
[221] Kotler Philip, Armstrong Gary, Saunders John, Wong Veronica (2007) S. 335

Dabei ist zu erkennen, dass Kaufverhalten bereits lange vor dem tatsächlichen Kauf beginnt und auch noch nach dem Kauf wirkt. Bei reinen Gewohnheitskäufen werden einzelne Stufen übersprungen oder es wird in einer anderen Reihenfolge vorgegangen. Während eines Kaufprozesses findet ein Wechselspiel zwischen affektiven und kognitiven Prozessen statt.

Meistens verfügen Konsumenten bereits über Wissen wenn sie einen Kaufprozess beginnen. Dazu gehören Informationen über Produkteigenschaften, Handhabung von Produkten oder über umweltrelevante Faktoren. Das vorhandene Vorwissen umfasst gedankliche Modelle, die sich eine Person von ihrer Umwelt macht. Dies dient dazu, Umweltreize zu interpretieren, einzuordnen und zu verarbeiten.

Beim **Konsumenten-Wissen** wird unterschieden in

> deklaratorisches Wissen: bezieht sich auf Fakten, Gegenstände, Eigenschaften und deren Beziehung zu einander und zur Situation.

> prozedurales Wissen: dieses baut auf dem deklaratorischen Wissen auf, dient zur Nutzung für das eigene Verhalten und entsteht durch Lernprozesse.

Wissen selbst ist in Netzwerken organisiert.[222] Zur Vereinfachung der Informationsverarbeitung werden Wissensinhalte als Schlüsselinformationen (information chunks) gespeichert. Unwichtige Details werden ignoriert.

Ein verbreiteter Ansatz zur Erklärung von Entstehung von Wissen ist das **Drei-Speicher-Modell** (siehe Abbildung 8). Dadurch lässt sich der Prozess der Informationsaufnahme erklären. Ausgangspunkt ist die Umwelt des Konsumenten, die eine Fülle von optischen und akustischen Reizen und Informationen bietet. Diese können nicht alle aufgenommen werden und müssen selektiert werden.

Das Modell besteht aus:

> Sensorischem Speicher (Ultrakurzzeitgedächtnis)

Hier werden die über die Sinnesorgane aufgenommenen Reize für nur Sekundenbruchteile aufgenommen. Es erfolgt noch keine Auswahl, daher ist die Aufnahmemenge sehr groß.

> Kurzzeitspeicher (Arbeitsspeicher)

Hier wird eine erste Auswahl der Reize getroffen, abhängig von ihrem Aktivierungspotential. Die Reize werden entschlüsselt, interpretiert und zu Informationen umgewandelt. Es erfolgt ein Vergleich mit Wissen aus früheren Erfahrungen aus dem Langzeitspeicher. Durch die begrenzte Kapazität werden die Informationen nach einigen Sekunden wieder gelöscht oder im Langzeitspeicher abgelegt.

> Langzeitspeicher (Gedächtnis)

Die vorverarbeiteten Informationen werden langfristig abgelegt. Dies ist mit kognitiven Anstrengungen verbunden und geschieht in Form von standardisierten Vorstellungen, so genannten Schemata, die in semantischen Netzwerken dargestellt sind. Schemata steuern die Wahrnehmung, vereinfachen Denkvorgänge und organisieren die Informationsspeicherung. Es werden zur Identifizierung und Speicherung von Informationen nur wenige objekt- und situationsspezifische Merkmale abgelegt, die aus vorherigen Situationen gebildet werden. Unwichtiges wird weg gelassen.

---

[222] Kuß Alfred, Tomczak Torsten (2004), S. 20 ff

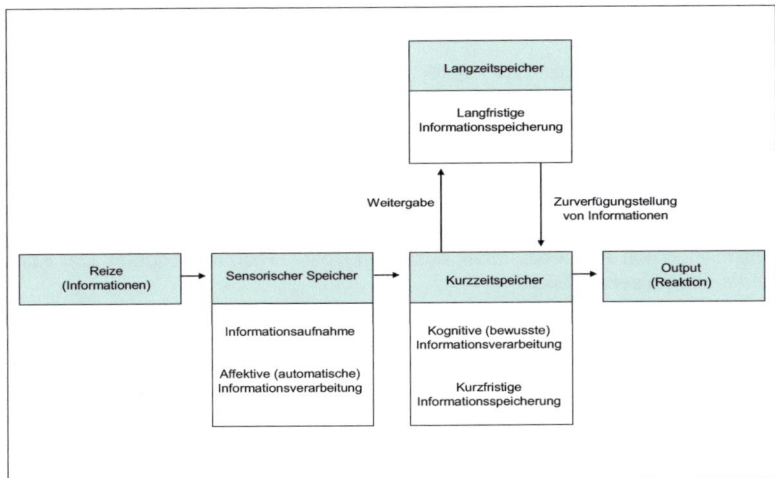

Abb. 8: Drei-Speicher-Gedächtnismodell
(Quelle: in Anlehnung an Meffert et al., 2008)

Kognitive Vorgänge stehen in einer Wechselwirkung mit aktivierenden Prozessen. Aktiviertheit und Involvement lenken die Informationsaufnahme und haben einen fördernden oder hemmenden Einfluss auf Gedächtnisleistungen.

Grundlage aller intrapersonellen Faktoren ist die **Aktiviertheit**. Dies ist der innere Erregungszustand eines Menschen. Der Organismus wird in den Zustand der Leistungsbereitschaft und Leistungsfähigkeit versetzt. Aktivierung beinhaltet keine Kognitionen, der Grad der Aktivierung wird somit nur vom Unterbewusstsein gesteuert.

Zu den komplexen aktivierenden Prozessen gehören Emotionen, Motivationen und Einstellungen. Diese drei Begriffe bauen in ihrer Abfolge auf einander auf. Motivation umfasst Emotion, Einstellung umfasst Motivation und erhalten somit eine zunehmende kongnitive Anreicherung.[223]

Um Aktivierung zu erreichen ist Aufmerksamkeit nötig. Aufmerksamkeit bedeutet, die Selektion bestimmter Reize bzw. die Hinwendung zu einem bestimmten Reiz. Aufmerksamkeit eröffnet den Weg zum Informationsverarbeitungssystem.

Reize mit emotionaler Wirkung sind Darstellung von Erotik, Kindchenschema, Abbildung von Augen und Mimik.

Kognitive Reizwirkung wird erzeugt durch gedankliche Konflikte, Widersprüche und Überraschungen; diese stellen die Wahrnehmung vor unerwartete Aufgaben.

Physische Reize sind die Größe von Darstellungen, Farblichkeit, Berührung, Musik, Düfte, etc.

Aktivierungstechniken sind entscheidend in welchem Ausmaß sich gering involvierte Empfänger einen Kommunikationskontakt nutzen und wie effektiv die Informationen genutzt und gespeichert werden. Über Wiederholungskontakte wird versucht geringe Speicherleistungen bei den Empfängern zu kompensieren.

Empfänger von Kommunikation können gezielt durch geeignete Gestaltung von Kommunikationsmitteln aktiviert werden. Dazu sind Elemente mit positiver Reizwirkung einzusetzen, die sich an der zielgruppenspezifischen Wirkung der Reize orientieren sollen. Je höher die Akti-

---

[223] Kroeber-Riel Werner, Weinberg Peter, Gröppel-Klein Andrea (2009), S 57 ff

vierung ist, die durch die Kommunikation ausgelöst wird, desto effektiver wird die Botschaft verarbeitet und umso höher ist der Erfolg der Kommunikation. „Aktivierung stimuliert die Informationsverarbeitung."[224]

Aufmerksamkeit hat besondere Wichtigkeit vor dem Hintergrund der steigenden Informationsüberlastung des Konsumenten. Um in der Informationsflut aufzufallen ist es nötig, die Nachricht aktivierend zu verpacken.[225] Dies ist besonders auf gesättigten Märkten wichtig, auf denen die sachlichen Produktunterschiede gering sind.

In Bezug auf den Klimawandel ist hier bereits eine Aktivierung erfolgt. Wie oben dargestellt haben die Medien das Thema mit seinen Auswirkungen in starkem Maße transportiert und emotionalisiert. Somit ist es ist im Bewusstsein der Bevölkerung präsent. Hiermit ist eine latente Disposition von Aufmerksamkeit bezüglich dieses Themas gegeben. Der Konsument ist für dieses Thema sensibilisiert.

So ist die Präsenz des Themas „Klimawandel" in den Medien durchaus ein Vorteil, den Unternehmen in Ihrer Kommunikation für sich nützen können (Werbung und Agenda-Setting, Abbildung 9).[226]

Medien haben eine „Thematisierungsfunktion"[227]. Die Massenmedien haben die Möglichkeit zu bestimmen mit welchen Themen sich das Publikum beschäftigt.[228] Die Konsumenten passen ihre gedankliche und emotionale Zuwendung den Medien an. Dies ist mit dafür verantwortlich, ob gesellschaftliche Probleme Beachtung finden, einer Lösung zugänglich gemacht werden oder einfach übergangen werden. Aufgrund der Komplexität der Beziehung von Medien und Publikum heißt dies nicht, dass alles was in den Medien thematisiert wird vom Publikum auch übernommen wird, aber bei der Thematik „Klimawandel" haben wir gesehen, dass dieses Thema die Menschen bewegt.

Medien haben auch eine „Überzeugungswirkung", d.h. sie haben Einfluss auf Einstellungen des Publikums und können diese verstärken oder verändern.[229]

In der Medienkontextforschung wurde untersucht, dass die im Medienkontext erzeugten Emotionen und inneren Bilder durch längere, reichhaltigere und intensivere Reize entstehen, als die, die durch alleinige Werbung entstehen. Daher kann versucht werden, diese intensive Reizwirkung aufzugreifen und Abstrahlungseffekte des Medienkontextes für seine Werbung zu nutzen. Dies kann sich auf Kongruenz zu Stimmungen, Involvement, Produktkategorien oder Produktattribute beziehen.[230] Dies führt zu einem Enkodierungsvorteil bei kongruenten Reizen. Durch die netzwerkartige Speicherung von Gedächtnisinhalten breiten die, durch den früheren Kontakt aktivierten Gedächtnisknoten ihre neuronale Aktivierung schneller zu anderen Knoten aus und somit sind die passenden Emotionen, erinnerte Situationen und Handlungen eher verfügbar („Priming"). Die Aktiviertheit bildet sich nicht sofort wieder zum Ausgangspunkt zurück, sondern baut sich verzögert ab. D. h. es besteht eine schnellere, bessere und längere Erinnerung.

---

[224] ebenda, S. 97
[225] ebenda, S. 93
[226] Rössler Patrick (1997) S. 56
[227] Kroeber-Riel Werner, Weinberg Peter, Gröppel-Klein Andrea (2009), S. 622 ff
[228] ebenda
[229] ebenda,
[230] ebenda S. 281

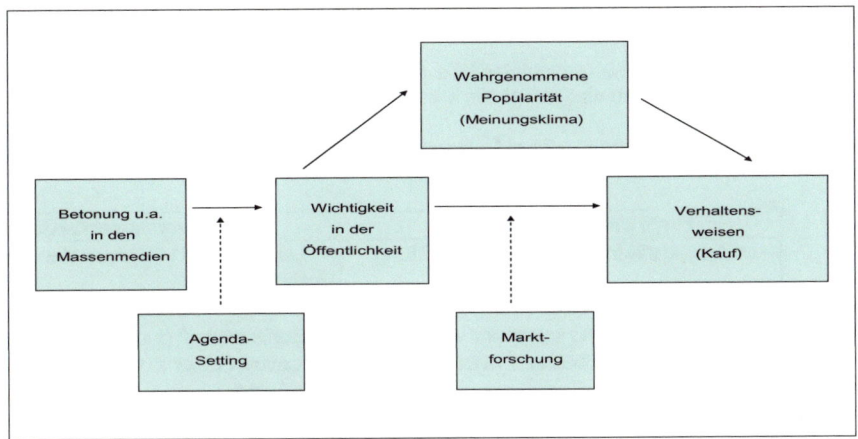

Abb. 9: Werbung und Agenda-Setting
(Quelle: in Anlehnung an Rössler, 1997)

5.3. Involvement

In dem Zusammenhang des Klimawandels wird das Involvement-Konstrukt beim Käuferverhalten besonders interessant. „**Involvement**" ist der Aktivierungsgrad bzw. die Motivstärke zur objektgerichteten Informationssuche, -aufnahme, -verarbeitung und –speicherung" (Definition nach Trommsdorff, 2009).

Man versteht darunter die Ich-Beteiligung bzw. das gedankliche Engagement und die damit verbundene Aktivierung, mit der jemand sich einem Sachverhalt oder einer Aktivität zuwendet.[231] Es wird damit ein Zustand der Aktiviertheit bezeichnet. Der Interessens-Zustand, der zum Zeitpunkt des Kontaktes des Empfängers mit einem Werbemittel vorliegt.[232]

Je nach Wichtigkeit der Kaufentscheidung wird zwischen „High-Involvement" und „Low-Involvement" unterschieden.

High-Involvement-Käufe sind für den Konsumenten wichtig und stehen in enger Verbindung mit seiner individuellen Persönlichkeit und Selbsteinschätzung.[233] Die Person ist bereit sich zu engagieren und setzt sich emotional und kognitiv mit der Entscheidung auseinander.[234] Es wird aktiv nach Informationen gesucht und viel Zeit und Energie in den Entscheidungsprozess investiert. Diese Käufe enthalten ein gewisses Risiko für den Konsumenten. Diese können finanzieller Art (teure Güter), sozialer Art (Produkte haben Bedeutung in Bezugsgruppe) oder psychologischer Art (falsche Entscheidung treffen) sein.

Low-Involvement-Käufe sind für den Konsumenten weniger wichtig. Sie benötigen nur geringe Entscheidungsprozesse und sind oft durch verfestigte Verhaltensmuster und Gewohnheiten bestimmt.[235]

Interessant wird nun, dass unter dem Veränderungseinfluss des Klimawandels ein Low-Involment-Kauf, z. B. Glühbirne, zu einem High-Involvelment-Kauf werden kann. Es wird nun aufgrund der veränderten Anforderungen an die Glühbirne (Energieeinsparung, Design, Lichtabstrahlung) und einfließender situativer Bedingungen (politische Aktionen, Medienprä-

---

[231] Kroeber-Riel Werner, Weinberg Peter, Gröppel-Klein Andrea (2009), S. 386
[232] Lachmann Ulrich (2002), S. 27
[233] Meffert Heribert, Burmann Christoph, Kirchgeorg Manfred (2008) S. 110
[234] Kroeber-Riel Werner, Weinberg Peter, Gröppel-Klein Andrea (2009), S. 412
[235] Meffert Heribert, Burmann Christoph, Kirchgeorg Manfred (2008) S. 110

senz) zu einem Thema, mit dem sich der Konsument stärker als vorher auseinandersetzen muss.

Einige charakteristische unterschiedliche Auswirkungen von High- und Low-Involvement im Konsumentenverhalten sind in Tabelle 4 dargestellt.

Tabelle 4: Gegenüberstellung High- und Low-Involvement-Käufe (Quelle in Anlehnung an Kuß / Tomczak, 2004)

High Involvement-Käufe	Low-Involvement-Käufe
> umfassende Informationsverarbeitung	> "Lernen" nach Wiederholung von Botschaften
> Bewusste Informationssuche	> Zufällige Informationsaufnahme
> Auseinandersetzung mit der Werbung	> "Berieselung" durch Werbung
> Suche nach der besten / nützlichsten Alternative	> Auswahl einer zufriedenstellenden Alternative
> Starke Beziehung der Produkte zu Persönlichkeit, Lebensstil etc. des Konsumenten	> Produkte für Persönlichkeit, Lebensstil etc. des Konsumenten unwichtig
> Starker Einfluss von Bezugsgruppen auf Kaufentscheidungen, da das Produkt in Beziehung mit Werten und Normen dieser Gruppen steht	> Geringer Einfluss von Bezugsgruppen auf Kaufentscheidungen, da das Produkt im Hinblick auf Werte und Normen dieser Gruppe keine Rolle spielt

Der Grad an Involvement ist abhängig von mehrdimensionalen psychischen Zuständen des Konsumenten und unterschiedlichen Stimulussituationen, in denen er sich befindet. Die entsprechenden Rahmenbedingungen sind für die Stärke des Involvements verantwortlich. Diese „Involvementdeterminanten"[236] sind Einflüsse durch die Art des Produktes, der Art des Mediums, der Botschaft, der Person und der Entscheidungssituation. Die sich ergebenden Konsequenzen für die Kommunikation sind in Tabelle 5 dargestellt.

Tabelle 5: Involvementdeterminanten (Quelle in Anlehnung an Trommsdorff, 2009)

| | Charakteristika des Marketing bei ... | |
	... High Involvement	... Low Involvement
Werbeziel	> überzeugen	> oft kontaktieren
Inhalt der Botschaft	> alles Wichtige sagen	> "etwas" sagen
Länge der Botschaft	> ausführlich	> kurz
Einstellungsänderung via	> sachliche Argumente	> affektive Reize
Kommunikationsmittel	> Sprache	> Bilder, Musik u. a.
Wiederholungsfrequenz	> gering	> hoch
Timingschwerpunkt	> in Entscheidungsphase	> keiner, aber ständig
Hohe Wechselwirkung m. anderen Instrumenten	> persönlicher Verkauf, Produktqualität, Preis	> Distribution, Point-of-Sales-Stimuli

Das spezifische Involvement ist abhängig von verschiedenen Einflussfaktoren.

> **Produktinvolvement:** ist die wahrgenommene persönliche Relevanz eines Produktes, die durch die Bedürfnisse und Werte der Person bestimmt sind.[237] Diese Einflussfaktoren sind in Abbildung 10 dargestellt.

---

[236] Trommsdorff Ulrich (2009)
[237] Kuß Alfred, Tomczak Torsten (2004), S. 65

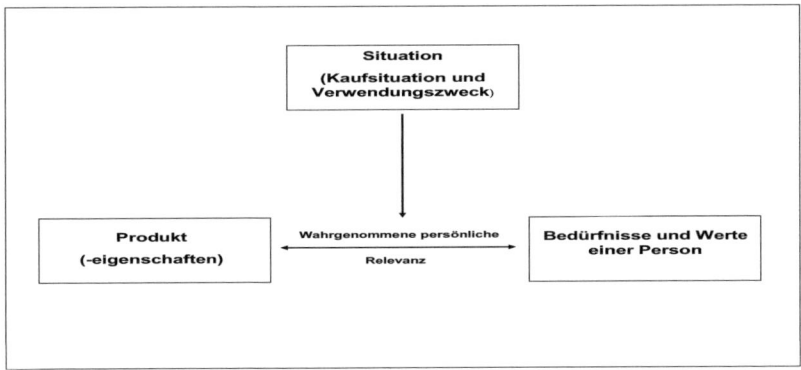

Abb. 10: **Einflussfaktoren des Produktinvolvements**
(Quelle: in Anlehnung an Kuß, Tomczak, 2004)

Folgende Involvementdeterminanten sind zu nennen:[238]

> Interesse am Produkt

> Verstärkung / Spaß / Belohnung beim Entscheiden / Konsumieren

> Identifikation / persönliche Ausdrucksmöglichkeit dadurch

> Risikograd, die Gefahr damit „hereinzufallen"

> Kosten im Risikofall

> **Personenspezifisches Involvement:** Die unterschiedlichen Persönlichkeiten und persönliche Eigenschaften (Kenntnisse, Erfahrungen, Motive, Einstellungen, Werte usw.) kommen hier zum Tragen. Je näher ein Objekt den persönlichen Eigenschaften kommt, desto stärker ist das Involvement. Die Verbindung von Produkt-Eigenschaften und Werten wird als größter Einflussfaktor für High-Involvement angesehen.[239]

> **Botschaftsinvolvement:** Die Botschaft ist unabhängig vom Produkt, mehr oder weniger interessant. Man wendet sich aufgrund der Botschaft der Werbung eben mehr oder weniger zu. Diese Zuwendung basiert auf dem inhaltlichen Umfeld, dem ästhetischen und Unterhaltungswert, der „story" und weniger der subjektiven Bedeutung der Produkteigenschaft. Um hoch involvierte Konsumenten zu überzeugen, haben sachliche Aussagen der Botschaft einen hohen Stellenwert. Bei gering involvierten Personen ist eine nicht-sachliche, also stark emotionale Gestaltung erfolgreicher, da sie sich weniger mit dem Inhalt der Botschaft auseinander setzen.

> **Situationsinvolvement:** Das Involvement einer Person hängt von ihrer psychischen Situation und der Umweltsituation ab. Hier spielt die Verwendungssituation eines Produktes eine große Rolle. Es ist ein Unterschied ob eine Flasche Wein für eine Dinner-Party oder nur für den eigenen Konsum gekauft wird. Es ist offensichtlich ein Unterschied zwischen einer alltäglichen Kaufsituation (geringes Involvement) und einer besonderen Kaufsituation (hohes Involvement) aufgrund des späteren Verwendungszweckes.

Auch je näher der Zeitpunkt einer Entscheidung für einen Kauf kommt, umso stärker steigt das Involvement an. Die lange Phase vor dem Eintritt der Kaufentscheidung kann auch bei teuren und risikoreichen Produkten eine Low-Involvement-Situation sein. Erst mit dem näher kommen der Entscheidungssituation steigt das Involvement.

---

[238] Trommsdorff Ulrich (2009), S. 51
[239] Kuß Alfred, Tomczak Torsten (2004), S. 65

Involvement ist somit auch zeitgebunden.[240] Involvement kann jahrelang bestehen, als Ausdruck in Hobbies oder Überzeugungen (z. B. Umweltschutz) oder auch durch die berufliche Situation. Diese Art von Involvement steht in engster Beziehung zum persönlichen Involvement, mit den individuellen Einstellungen und Überzeugungen.

Meist ist es aber nur befristet vorhanden. Das Phasen-Involvement ist mittelfristiger Art (Tage bis Monate) und entsteht im Zusammenhang mit Entscheidungsprozessen und befristeten Relevanzen. Anlass-Involvement (Minuten bis Stunden) entsteht bei kurzfristigen, akuten Anlässen, Terminen, Situationen. Induziertes-Involvement (Sekunden bis Minuten) wird durch Reize ausgelöst, wie Telefonläuten, persönliche Ansprache oder Signale von wichtigen Quellen.

> **Medieninvolvement:** Die verschiedenen Medien und Ihre unterschiedliche Art der Kommunikationsmöglichkeiten (stärkere bildliche oder textliche Informationen) können die Höhe des Involvement beeinflussen. Low-Involvement-Medien sind durch die Möglichkeit passiver, bildhafter und episodischer Informationsaufnahme gekennzeichnet. Dies wären Fernsehen und Rundfunk; Printmedien sind eher im High-Involvement Bereich zu sehen, da sie durch ihr größeres Textangebot beim Lesen eine aktivere Beteiligung erfordern.

Das Internet stellt hier ein High-Involvement Medium dar. Es weist textbasierte Strukturen auf, aber auch starke Möglichkeiten der visuellen Darstellung und Involvementbeeinflussung. Die oft gezielte Informationssuche des Konsumenten im Internet, stellt ein hohes Maß an Aktivität dar. Weiteres ist die Interaktivität des Mediums ein aktivierendes Merkmal, mit den Möglichkeiten eines Dialogs zwischen Empfänger und Sender, mit mehrstufigem Informationsaustausch.

Die Kombination von Produkt-, Medien- und Botschaftsinvolvement gestalten involvementrelevante Marktsituationen. Die Involvement-Konstrukte sind vor dem Hintergrund des Themas „Klimawandel" mit Aufmerksamkeit zu betrachten. Auch hier hat die laufende Berichterstattung von Ereignissen und neuen Erkenntnissen Einfluss auf das individuelle Involvement der Personen. Durch die politisch induzierten Maßnahmen gegen den Klimawandel und die gesellschaftliche Auseinandersetzung damit hat es fast tägliche Aktualität.

In diesem Zusammenhang möchte ich den Ansatz von Lachmann (2002) aufgreifen. Dabei wird die Involvement-Konkurrenz verschiedener Themen angesprochen. Es besteht nicht nur Involvement für ein Thema, sondern für eine Vielzahl von Themen. Es kann nicht ununterbrochen nur an ein bestimmtes Thema gedacht werden. Der Konsument hat eine Art Merkliste an Themen, die für ihn von Bedeutung sind. Diese wird als **Agenda** bezeichnet. Eine „Liste der (zur Zeit) für den Empfänger bedeutsamen, relevanten Themen."[241] High-Involvement bedeutet somit, dass das Thema, neben anderen, beim Konsumenten auf der Agenda steht. Je höher ein Thema auf der Agenda rangiert, umso stärkere Priorität hat es.

Die Agenda weist folgende Besonderheiten auf:

> Manche Themen bleiben sehr lange auf der Agenda (dauerhaftes oder längeres Phasen-Involvement), andere wiederum nur sehr kurz (Anlass-Involvement).

> Die Reihenfolge der Themen ist sehr instabil, sie kann sich permanent ändern. Gründe sind Anstöße von außen (z. B. Telefonanruf)

> Die Höhe des Involvement korreliert mit der Ranghöhe auf der Agenda

> Ist ein Thema „Top of the Agenda", kommt es zum Engagement. Die Person befasst sich intensiv mit dem Thema.

Hier ist davon auszugehen, dass das Thematisieren des Klimawandels zu einer „Top of the Agenda-Position" führt und somit einer hohen Bereitschaft, Botschaften und Produkten, die sich auf dieses Thema beziehen, aktiviert wahrzunehmen.

---

[240] Lachmann Ulrich (2002), S. 28
[241] Lachmann Ulrich (2002), S. 41

5.4. Wahrnehmung

Alle Menschen nehmen Informationen über ihre fünf Sinne, Sehen, Hören, Riechen, Tasten und Schmecken, auf. Wahrnehmung ist der Prozess der Aufnahme und Selektion von Informationen sowie deren Organisation und Interpretation durch das Individuum.[242] Es ist der Beginn kognitiver Prozesse. Durch diesen Informationsverarbeitungsprozess erhält das Individuum Kenntnis von sich selbst und von seiner Umwelt.[243] Es ist ein Vorgang der Interpretation sensorischer Reize in einer für das Individuum sinnvollen Weise. Die Wahrnehmung von Personen wird stark von deren Aktiviertheit, dem Involvement und den Emotionen beeinflusst. Ohne Aktivierung erfolgt keine Wahrnehmung. Sie ist Grundlage für die Aufmerksamkeit, die die Bereitschaft zur Aufnahme von Reizen aus der Umwelt ist. Bei Aufmerksamkeit konzentriert sich das Individuum auf bestimmte Stimuli der Umwelt, die dann eine höhere Chance haben, später auch erinnert zu werden.

Eine wesentliche Funktion von Aufmerksamkeit ist die Filterung und **Selektion (selektive Wahrnehmung)**[244] von bestimmten Stimuli und Informationen, die das eigene kognitive System nicht überfordern und den individuellen Bedürfnissen entsprechen. Aufmerksamkeit selektiert die Wahrnehmung des Individuums. Jeder Mensch empfängt, organisiert und interpretiert die sensorischen Informationen auf seine eigene, individuelle Art und Weise. Diese Subjektivität der Wahrnehmung wird beeinflusst von den bisherigen Erfahrungen, Wertungen und Fähigkeiten einer „richtigen" Verarbeitung der sensorischen Reize. Wahrnehmung ist somit persönlich geprägt.[245] Menschen haben die Tendenz, Informationen der persönlichen Bedeutung entsprechend abzuwandeln (**selektive Verzerrung**). Ein Konsument nimmt vor allem solche Reize wahr, die seinen eigenen Wünschen und Bedürfnissen entsprechen.[246] Man möchte Dissonanzen vermeiden und tendiert dazu, Informationen so zu verzerren und anzupassen, dass sie das unterstützen, was man schon weiß. Somit konstruiert jeder Mensch seine eigene subjektive Umwelt.[247]

Die Möglichkeiten der Reizverarbeitung und späteren Speicherung sind begrenzt (Drei-Speicher-Modell). Daher ist die vollständige Aufnahme von Reizen aus der Umwelt nicht möglich. Aufgrund der starken Informationsüberflutung werden nur ein bis zwei Prozent des Informationsangebotes von den Personen tatsächlich aufgenommen.[248] Informationen, die den eigenen Einstellungen und Überzeugungen entsprechen, werden eher erinnert (**selektives Erinnern**).[249]

Die Selektion bestimmter Informationen aus den einströmenden Reizen wird durch das Involvement bestimmt, das wiederum durch bestimmte Motive ausgelöst sein kann. Involvement ist somit von zentraler Bedeutung für den Vorgang der individuellen Informationsselektion.[250] Wobei, wie oben dargestellt, bei Low-Involvement Informationen nur passiv aufgenommen werden, wogegen hoch involvierte Personen aktiv am Informationserwerb beteiligt sind.

Bei Low-Involvement kann man sich die physischen Eigenschaften von Reizen (Reizstärke) zu Nutze machen, um deren Aufmerksamkeit zu gewinnen. Aber auch angeborene Auslöserreaktionen (z. B. Kindchenschema) bieten sich hier an.

Zu den Schlüsselreizen zählen Kindchenschema, Natur (Pflanzen, Landschaften), Erotik, Emotionen oder Reize, die aufgrund ihrer Bedeutung für den Einzelnen wichtig sind. Nicht nur bildliche, auch akustische, taktile oder olfaktorische Reize können stark aktivieren.

---

[242] Meffert Heribert, Burmann Christoph, Kirchgeorg Manfred (2008) S. 114 f
[243] Kroeber-Riel Werner, Weinberg Peter, Gröppel-Klein Andrea (2009), S. 320 ff
[244] Kotler Philip, Armstrong Gary, Saunders John, Wong Veronica (2007) S. 398 ff
[245] Kuß Alfred, Tomczak Torsten (2004), S. 26 ff
[246] Kroeber-Riel Werner, Weinberg Peter, Gröppel-Klein Andrea (2009)
[247] Meffert Heribert, Burmann Christoph, Kirchgeorg Manfred (2008)
[248] ebenda
[249] Kotler Philip, Armstrong Gary, Saunders John, Wong Veronica (2007)
[250] Trommsdorff Ulrich (2009), S. 238

Bei den physikalischen Eigenschaften sind zu nennen Lautstärke, Helligkeit, auffällige Farben. Also Stimuli, die aufgrund ihrer Intensität Aktivierungsprozesse provozieren. Kollative Reize sind Reize, die aufgrund ihrer Vielfältigkeit, ihrer Neuartigkeit oder ihres Überraschungseffekts stark aktivieren.[251]

Reize, die von Bildern ausgehen, haben eine deutlich höhere aktivierende und gefühlsmäßige Wirkung. Die Aufnahme von Bildinformationen ist beim Menschen äußerst leistungsfähig. Bilder haben einen hohen Wiedererkennungswert und werden besser erinnert als sprachliche Informationen. Im Marketing eingesetzte Bilder sollen „möglichst prägnant, lebendig und nicht zu komplex sein."[252] Reize, die das Gefühl stärker ansprechen, die größer und intensiver sind als andere, oder Überraschung auslösen, haben ein höheres Aktivierungspotential und somit bessere Chancen wahrgenommen zu werden.[253] Irrelevante Reize werden von der Wahrnehmung benachteiligt, angenehme werden bevorzugt, unangenehme gemieden. Der Mensch neigt zur Vermeidung von stimulusarmen und stimulusüberladenen Situationen. Eine mäßige Aktivierung regt die Informationsaufnahme am besten an.[254]

5.5. Emotionen

Als Emotionen werden jene psychischen Erregungen, die subjektiv wahrgenommen werden bezeichnet. Dies ist ein „Zustand innerer Erregung, dessen Stärke als Intensität, dessen Richtung als gut oder schlecht und dessen Art qualitativ, kategorisch (z. B. Freude oder Trauer) empfunden wird."[255] Gefühle sind mehr oder weniger bewusst wahrgenommene Emotionen, wobei auch stärkere Emotionen unbewusst bleiben können.

Die Qualität einer Emotion entsteht erst durch die Interpretation der physiologischen Erregung. Emotionen sind somit von kognitiven Prozessen abhängig und werden dann durchaus auch bewusst vom Menschen wahrgenommen.[256]

Emotionen und Gefühle können durch äußere Stimuli, aber auch durch innere, gedankliche Prozesse ausgelöst werden. Des Weiteren können Emotionen medial vermittelt werden. „Wir können nachfühlen, was wir sehen."[257]

Emotionen haben eine „Antriebsfunktion"[258], großen Einfluss auf das Verhalten und haben in Entscheidungssituationen großes Gewicht. Unser Denken geschieht nicht ohne die Beteiligung von Emotionen. Die Konsequenz daraus ist, dass auch kognitive Botschaften, die sich an den Verstand richten, einen emotionalen Eindruck beim Konsumenten hinterlassen müssen, da sie sonst nicht beachtet werden.

„Emotionen haben einen Wert an sich."[259] Jeder Mensch sucht in einem bestimmten Ausmaß nach innerer Erregung, die er als angenehm empfindet. Dies stimuliert um nach erregenden Reizen zu suchen, um ein optimales Erregungsniveau zu erhalten. Auch im Konsumverhalten wird nach einer allgemeinen Erregung und Stimulierung gesucht.

Der heutige Konsument ist erlebnisorientiert. Er möchte sich emotional verwirklichen und lebt in der Gegenwart und nicht für die Zukunft; er möchte seine Individualität zum Ausdruck bringen. Dieses Streben nach Erlebnisorientierung ist ein allgemeiner Zug der gegenwärtigen Konsumgesellschaft. Emotional erlebte Individualität zieht sich durch viele Lebensbereiche. Natürlich im Konsum von Produkten und Dienstleistungen, im Bildungsbewusstsein,

---

[251] Kroeber-Riel Werner, Weinberg Peter, Gröppel-Klein Andrea (2009)
[252] Trommsdorff Ulrich (2009), S. 238
[253] ebenda
[254] Trommsdorff Ulrich (2009)
[255] ebenda
[256] Meffert Heribert, Burmann Christoph, Kirchgeorg Manfred (2008), S. 112
[257] Kroeber-Riel Werner, Weinberg Peter, Gröppel-Klein Andrea (2009), S. 109
[258] Trommsdorff Ulrich (2009)
[259] Kroeber-Riel Werner, Weinberg Peter, Gröppel-Klein Andrea (2009), S. 139

Kulturbedarf, Fitness-Orientierung. Damit einher geht ein langfristiges Gesundheits- und Umweltbewusstsein.[260]

Stimmungen sind „momentane, subjektiv erfahrene Befindlichkeit"[261]. Sie stehen in engem Zusammenhang mit Emotionen / Gefühlen, haben eine geringere Intensität und sind ungerichtet, also nicht auf Objekte gerichtet. Stimmungen haben Wirkung auf Einstellungen und Verhaltensweisen. Zur Stimmungsbeeinflussung ist die positive Gestaltung von Einkaufs- und Verkaufssituationen ein wichtiger Faktor.

Emotionen lösen durch Assoziationen Lerneffekte aus. Die wachsende technische Homogenität von Produkten bedingt eine nötige Differenzierung der Produkte über Emotionalität. Der Markterfolg von Produkten kann daher nicht mehr an objektiven Qualitätskriterien festgemacht werden, sondern an Gefühls- und Erlebniswelten, die die Marken repräsentieren. In der Markenkommunikation herrschen visuelle Elemente vor. Es wird vorrangig mit Bildmotiven gearbeitet. Diese haben einen höheren Erlebnis- und Unterhaltungswert, sie haben ein besseres Aktivierungspotential und werden besser erinnert.

5.6. Motiv, Bedürfnis, Motivation

Eine Motivation versorgt den Konsumenten mit Energie und richtet sein Verhalten auf ein Ziel aus.[262] Motive bzw. Motivation entsteht, wenn zu den Bedürfnissen eine durch das Wissen um mögliche Problemlösungen bestimmte Handlungsorientierung hinzukommt.[263] Bedürfnisse sind Auslöser entsprechender Motivation, die wiederum die Diskrepanz zwischen einem gegebenen und einem erwünschten Zustand sind.[264] Motivation besteht also aus grundlegenden Antriebskräften plus kognitiver Zielorientierung.

Die Persönlichkeit des Menschen steht in enger Beziehung zu seinen Motiven. Beide, Persönlichkeit und Motive, sind latente Variablen für das Verhalten eines Menschen. Motive, die für eine bestimmte Persönlichkeit wichtig sind, sind Grundlage für die Entstehung von Beweggründen. Sie haben überdauernden Bestand. Motivation entspricht deren Aktualisierung. Motive sind die Bereitschaft eines Menschen zu einem bestimmten Verhalten, während Motivation die aktualisierten Beweggründe des Verhaltens bezeichnet.[265]

Motivation steht somit auch in enger Verbindung einerseits zu den Emotionen und andererseits zu den Einstellungen von Personen. Wie gerade dargestellt ist die emotionale Komponente die Grundlage für Handlungsprozesse, die Wissenskomponente gibt die Richtung der Handlung vor und der nun erlebte Spannungszustand kann durch die unterschiedlichen Meinungsgegenstände in den Einstellungen abgebaut werden, indem adäquate Produkte, Marken und Einkaufsstätten gewählt werden.266

Die Literatur differenziert in primäre und sekundäre Motive.

Primäre Motive sind angeborene Bedürfnisse, z. B. Hunger, Durst, Schlaf usw., die gestillt werden müssen um existieren zu können. Auch Triebe werden zu den primären Motiven gezählt.

Sekundäre Motive sind Motive, die erst durch Sozialisationsprozesse gelernt werden. Sie dienen mit dazu, durch erlerntes Verhalten die primären Motive zu befriedigen. Beispiel hierzu ist der Gelderwerb (sekundär), um den Hunger (primär) befriedigen zu können. Des Weiteren entwickelt das Individuum durch den Kontakt mit anderen Personen weitere Bedürfnisse, die nicht lebensnotwendig sind, aber große Bedeutung für den Einzelnen haben können. Beispiele wären Machtstreben, Status, etc.

---

[260] ebenda
[261] ebenda
[262] Meffert Heribert, Burmann Christoph, Kirchgeorg Manfred (2008), S. 118
[263] Kuß Alfred, Tomczak Torsten (2004), S. 38
[264] ebenda
[265] Meffert Heribert, Burmann Christoph, Kirchgeorg Manfred (2008)
[266] Kroeber-Riel Werner, Weinberg Peter, Gröppel-Klein Andrea (2009), S. 168 f

Durch die entsprechende Situation in der der Mensch lebt, mit inneren Prozessen und äußeren Einflüssen, gibt es intrinsische und extrinsische Motive zu unterscheiden. Bei intrinsischen Motiven erfolgt eine Belohnung für Handlungen durch den Konsumenten selbst (z. B. Befriedigung von Neugier), extrinsische Motive sind Grundlage für Handlungen, deren Belohnung durch die Außenwelt erfolgt.[267]

Motive können durch bewusste Prozesse gesteuert werden, die das Bemerken und Reflektieren von umweltbezogenen und mentalen Ereignissen voraussetzen. Viele Prozesse werden jedoch gar nicht bemerkt und laufen daher unbewusst ab. Reizwahrnehmung und –verarbeitung finden ohne subjektives Erleben statt. Diese können natürlich dennoch Einfluss auf das Verhalten haben.[268]

Das bekannteste Modell zur Darstellung von Bedürfnissen ist die von Maslow entwickelte Bedürfnispyramide, wie in Abbildung 11 dargestellt.

Grundlegend werden hier fünf Motivklassen unterschieden, die durch die Bedürfnisse „physiologische Bedürfnisse, Sicherheitsbedürfnisse, soziale Bedürfnisse, Wertschätzung und Selbstverwirklichung" eingeteilt werden. Diese Bedürfnisse sind hierarchisch geordnet. Wenn das Bedürfnis einer unteren Ebene befriedigt ist, wird die nächst höhere Ebene wirksam. Die vier unteren Hierarchiestufen werden als „Defizitbedürfnisse" bezeichnet, da das Defizitempfinden dieser Bedürfnisse vollständig abgebaut werden könnte (theoretisch, Anm. Verfasser). Das Bedürfnis nach Selbstverwirklichung wird als „Wachstumsbedürfnis" bezeichnet, da hier keine Sättigung eintreten würde, sondern „ein nicht aufhörendes Streben nach Ausweitung und Intensivierung (…) zu erwarten sei."[269]

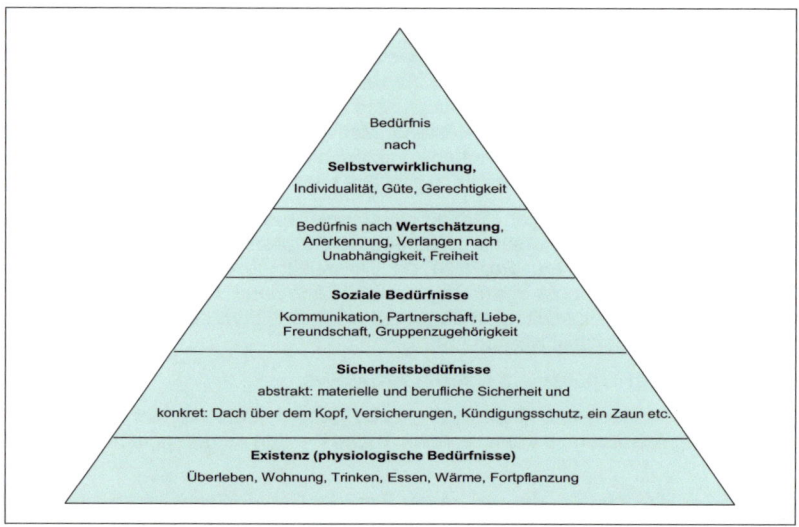

Abb. 11: Bedürfnispyramide nach Maslow
(Quelle: in Anlehnung an Kroeber-Riel Werner, Weinberg Peter, Gröppel-Klein Andrea , 2009)

Diese Betrachtung ist idealtypisch, da es Personen geben kann, die eine andere Rangfolge haben. Denen z. B. Geltung wichtiger ist als Liebe. Auch können nicht die Bedürfnisse einer unteren Stufe komplett erfüllt sein, bevor die nächste Stufe aktiviert wird. Hier kommt es in der Realität zu Mischformen mit unterschiedlichen Ausprägungen und gleichzeitiger Aktivie-

---

[267] Meffert Heribert, Burmann Christoph, Kirchgeorg Manfred (2008)
[268] Kroeber-Riel Werner, Weinberg Peter, Gröppel-Klein Andrea (2009)
[269] Kuß Alfred, Tomczak Torsten (2004), S. 38

rung mehrer Stufen. Hier kommt es auf die relative Befriedigung der einzelnen Stufen an und wie sie dann wirksam werden.[270] Auch ist diese Darstellung nicht auf alle Kulturen übertragbar.

Da es keine allgemeine Motivtheorie im Zusammenhang mit dem Konsumentenverhalten gibt, hat Trommsdorff (2009) **"Konsummotive mittlerer Reichweite"** entwickelt. Es ist der Anspruch, dass diese Motive bei unterschiedlichen Produkten und Zielgruppen Bedeutung haben sollen.

1) Ökonomik / Sparsamkeit / Rationalität

2) Prestige / Status / soziale Anerkennung

3) Soziale Wünschbarkeit / Normenunterwerfung

4) Lust / Erregung / Neugier

5) Sex / Errotik

6) Angst / Furcht / Risikoneigung

7) Konsistenz / Dissonanz / Konflikt

Weitere Motive sind das Streben nach Geselligkeit, Geborgenheit, Natürlichkeit, Abwechslung, Überlegenheit, Jugendlichkeit. Die Bedeutung unterschiedlicher Kaufmotive ist weiters durch die Belohnung oder Bestrafung des Konsumverhaltens durch die soziale Umgebung abhängig. Es besteht weiter der starke Wunsch nach emotionaler Anregung bei Einkaufen, dem Einkaufserlebnis.

Der schon angesprochene Wertewandel kann die Relevanz einzelner Konsummotive verändern und der Wunsch nach "Authenzität" ist verstärkt zu bemerken.[271]

Vor diesem Hintergrund sind die Motivkonflikte zu nennen. Motivationen sind gekennzeichnet durch eine Annäherung an ein subjektiv wünschenswertes Verhaltensziel. Bei der Annäherung an dieses Ziel können sich durch unterschiedliche Alternativen, mit verschiedenen Merkmalen, Konfliktsituationen entwickeln. Das Bestreben zur erfolgreichen Erreichung eines Ziels wird als Appentenz bezeichnet, der Versuch der Vermeidung als Aversion. Dies äußert sich dadurch, dass man "etwas will" oder "nicht will".[272] Durch das Zusammentreffen widersprüchlicher Motive können folgende Konfliktsituationen entstehen:[273]

Appentenzkonflikte: Mehrere Alternativen erscheinen erstrebenswert und es muss eine Auswahl getroffen werden,

=> Verhaltenstendenz: positiv-positiv, Konflikt: Appentenz-Appentenz-Konflikt

Aversionskonflikte: Mehrere Alternativen sind unerwünscht und es muss eine Präferenz zur Vermeidung von Verhaltensfolgen entwickelt werden.

=> Verhaltenstendenz: negativ-negativ, Konflikt: Aversions-Aversions-Konflikt

Ambivalenzkonflikte: Alternativen haben sowohl erstrebenswerte als auch ablehnungswürdige Merkmale.

=> Verhaltenstendenz: positiv-negativ, Konflikt: Appentenz-Aversionskonflikt

Durch diese Konflikte ist der Konsument in seiner Entscheidungsfindung verunsichert und wird die Entscheidung erst einmal unterbrechen. Mögliche anschließende Verhaltensweisen sind: Verlängerung der Entscheidungszeit, Intensivierung der Informationsverarbeitung, Freunde um Rat fragen, impulsive Wahl eines Ersatzprodukts, Senkung des Anspruchniveaus, ungleiche Verteilung der Aufmerksamkeit, Rückgriff auf gewohnheitsmäßigen Kauf (Produkttreue).

---

[270] Kroeber-Riel Werner, Weinberg Peter, Gröppel-Klein Andrea (2009), S. 170 ff
[271] Kroeber-Riel Werner, Weinberg Peter, Gröppel-Klein Andrea (2009), S. 190 ff
[272] ebenda
[273] Scheuch Fritz (2007)

Motivation stellt die Handlungsorientierung dar, die auf einem grundlegenden Bedürfnis aufbaut, mit Wissen ergänzt wird und somit eine Problemlösungsorientierung induziert.

5.7. Einstellungen

Einstellungen entscheiden darüber, ob man bestimmte Dinge mag oder nicht, ob man von etwas angezogen oder abgestoßen wird.[274] Es geht darum, was man von einem Gegenstand hält. Einstellungen sind mit einer Neigung zu reagieren verbunden. Es erfolgt eine Bevorzugung bestimmter Beurteilungsobjekte gegenüber anderen Objekten.[275] Einstellungen sind erlernt und kommen zustande auf der Grundlage von Erfahrungen und Informationsverarbeitung.

Dies bedeutet, dass folgende drei Komponenten zusammen wirken (Drei-Komponenten-Theorie): kognitive Komponente (Denken) als Gegenstandsbeurteilung, affektive Komponente (Fühlen) als subjektive Bewertung und daraus resultierend die Verhaltenskomponente (Handeln), eine Verhaltenstendenz.[276]

Dies heißt, dass beim Konsumenten Wissen über Produkte und deren Eigenschaften vorhanden ist und zu Einschätzungen führt. Diese Einschätzungen stehen mit Werten, Überzeugungen und Bedürfnissen in Verbindung. Es wird eine Konsistenz von diesen drei Elementen angestrebt. Einstellungen sind somit Vorläufer von (Kauf-)Verhalten.[277]

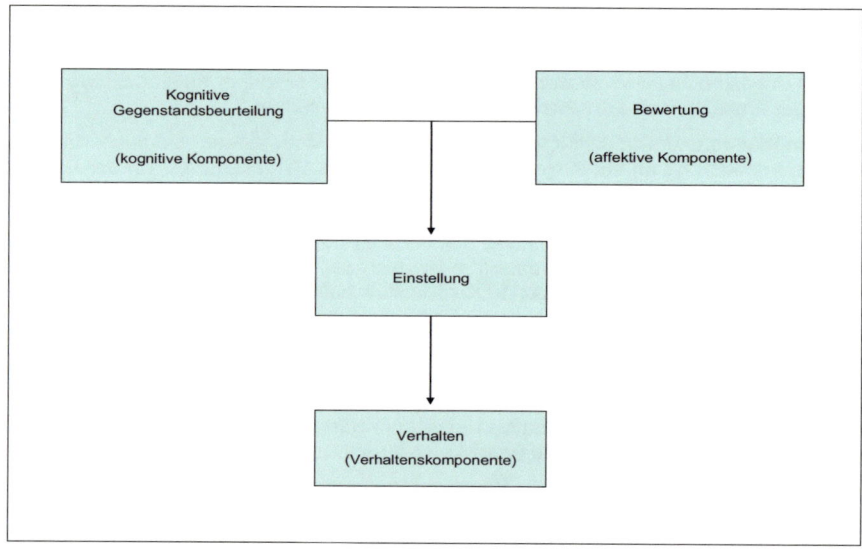

Abb. 12: Komponenten von Einstellungen
(Quelle: Kuß Alfred, Tomczak Torsten, 2004)

Auch bei positiver Einstellung einem Produkt gegenüber, kann es dennoch zu verschiedenen „Störungen" kommen, so dass es zu keinem Kaufvorgang kommt.

> Positive Einstellung zu mehreren Produkten: es kann nur eine der als positiv eingestuften Alternativen gekauft werden

---

[274] Kotler Philip, Armstrong Gary, Saunders John, Wong Veronica (2007)
[275] Scheuch Fritz (2007)
[276] Kuß Alfred, Tomczak Torsten (2004), S. 38
[277] ebenda

> Situative Faktoren: Einflüsse in der Kaufsituation überlagern vorher gebildete Einstellungen. Dies können Sonderangebote am POS sein, präferierte Marke nicht vorhanden etc.

> Ökonomische Beschränkungen: Konsumenten fehlen die finanziellen Voraussetzungen für einen Kauf, z. B. bei Luxus-Gegenständen, Schmuck, exklusiven Produkten.

> Soziale Einflüsse: Rücksichtnahme auf gesellschaftliche Wertvorstellungen oder Erwartungen von Bezugsgruppen hindern den Konsumenten an der Realisierung von Wünschen.

> Veränderung von Einstellungen im Zeitablauf: Einstellungen sind zwar relativ konstant, aber können sich mit der Zeit verändern. Dies kann durch Erfahrungen mit dem Produkt selbst nach einem Kauf sein, oder Einfluss von Werbung oder Umwelteinflüsse.

Somit lassen sich Einstellungen als „Zustand einer gelernten und relativ dauerhaften Bereitschaft, in einer entsprechenden Situation gegenüber dem betreffenden Objekt regelmäßig mehr oder weniger stark positiv bzw. negativ zu reagieren" definieren.[278]

Eine Einstellung ist gelernt. Sie ist Ergebnis von aufgenommenen Überzeugungen, die bewertet und zu einem abrufbaren Wert integriert werden, der seinerseits wiederum ein bestimmtes Verhalten auslöst.[279] Einstellungen, die für das Individuum große Bedeutung haben und Teile seines umfassenden Einstellungssystems sind, sind stabiler als periphere Einstellungen oder isolierte Einstellungen.

Durch Annäherungen von Produkteigenschaften und Images an relevante Einstellungen von Zielgruppen versucht das Marketing seine Produkte entsprechend zu positionieren.

Das Image eines Gegenstands wird als „mehrdimensionale und ganzheitliche Grundlage der Einstellung einer Zielgruppe zum Gegenstand" definiert.[280] Diese Einstellung besteht aus mehr oder weniger wertenden Eindrücken einer Marke, diese werden zu einem Gesamtbild zusammengefügt und sind subjektiv verschieden. Das Image einer Marke kann die Grundlage sein, um Unterscheidungen und Präferenzen unter Wettbewerbsprodukten zu bilden.

Da Produkte immer weniger aufgrund ihres funktionalen Nutzens gekauft werden, werden gefühlsmäßig vermittelte Nutzen immer wichtiger. Man möchte eine gefühlsmäßige Positionierung erreichen und Produkte durch gefühlsmäßige Erlebnisse unterscheidbar machen.

Hauptziel der Image-Positionierung ist es, möglichst nahe ins Zentrum der Idealvorstellung, die der Konsument von einem Produkt hat bzw. eines starken Marktsegmentes zu kommen. Die andere Richtung wäre, dass versucht wird die Einstellung des Konsumenten an das Produkt anzupassen. Dies kann durch Kommunikationsmaßnahmen, Werbung, Verpackung, Schaffung von Emotionalität, geschehen.

5.8. Positionierung, Differenzierung

Das Unternehmen muss eine Antwort auf die Frage: „Warum soll ich gerade dieses Produkt kaufen?" geben können. Das Angebot soll in den Köpfen des Verbrauchers positioniert werden und von den Angeboten anderer Anbieter differenziert werden. Also möglichst nahe an der Idealvorstellung des Konsumenten zu sein, oder aber möglichst weit weg von der Position eines Wettbewerbers.

Zur Differenzierung setzt ein Unternehmen gezielt auf seine Stärken, damit es die Bedürfnisse seiner Märkte möglichst optimal erfüllen kann. Eine Differenzierung kann erfolgen:

> über das Produkt,

> über Dienstleistungen,

> über die Mitarbeiter,

---

[278] Trommsdorff Ulrich (2009), S. 146
[279] Ebenda, S. 249
[280] Trommsdorff Ulrich (2009), S. 155

> über das Image.[281]

Die Positionierung ist die „strategische und aktive Gestaltung der Stellung einer Marktleistung im jeweils relevanten Markt."[282] Produkte nehmen durch ihre Merkmalsausprägungen, die zu ihrer Beschreibung und Unterscheidung ermittelt wurden, einen bestimmten Platz in diesem „Merkmalsraum"[283] ein.

Für die Positionierung ist der subjektive Eindruck des Konsumenten entscheidend. Dies ist ein Bündel aus Empfindungen, Eindrücken und Gefühlen, die der Verbraucher von Produkten gespeichert hat. Dazu gehören sowohl objektiv unterscheidbare Kriterien der Produkte selbst wie Produktnutzen, Produkteigenschaften, die Herkunft des Produktes oder Verwendung des Produkts und besonders auch die emotionalen Erlebniswerte wie Prestige, Sportlichkeit, Erotik, usw.

Es kommt darauf an, wie der Konsument das Produkt wahrnimmt und welche Attribute er ihm zuordnet. Dabei sind Erlebniswerte ein starker Erfolgsfaktor für die Positionierung von Marken, da sie aufgrund der Ähnlichkeit der Produkte auf den gesättigten Märkten, ein wichtiges Unterscheidungsmerkmal bieten.

Eine besondere Art der Positionierung kann die Herausstellung eines unverwechselbaren Nutzenangebotes (Unique Selling Proposition = USP) sein. Dabei wird dem Konsumenten ein klarer Vorteil des Produkts gegenüber dem Wettbewerb versprochen und kommuniziert. Dieser muss gesucht und dann in das Produktimage integriert werden. Nach Möglichkeit sollte er über ein hohes Glaubwürdigkeitspotential verfügen.

Durch das gewachsene ökologische Bewusstsein, kann hier derzeit sehr gut auf diese Positionierung abgestellt werden. Bekanntes Beispiel aus der Praxis wäre hier die Marke „Frosch", die sich im gesättigten Markt der Reinigungsmittel mit der Herausstellung von Umweltvorteilen erfolgreich positioniert hat.[284] Vor dem Thema „Klimawandel" bietet sich eine Positionierung mittels USP geradezu ideal an.

5. 9. Konsumentenwerte

Am Anfang des Kapitels wurde bereits auf Werte und Wertewandel eingegangen. Werte sind allgemeine und grundlegende Ziele von Konsumenten. Sie sind für das eigene Leben relevant. Es ist ein konsistentes System von Einstellungen mit normativer Verbindlichkeit. Die Bereitschaft sich einer ganzen Klasse von Einstellungsobjekten gegenüber konstant positiv oder negativ zu verhalten.[285] Werte sind soziokulturell bedingt und nicht losgelöst vom sozialen Kontext zu erklären. Sie werden durch das kulturelle und gesellschaftliche Umfeld maßgeblich beeinflusst. Werte sind nicht isoliert zu betrachten. Sie sind vor dem Hintergrund ihrer Einbindung in Wertesysteme zu sehen. Verhaltensprägend ist das ganze Wertesystem bzw. die Stellung einzelner Werte in diesem System.[286] Werte können auf drei unterschiedlichen Ebenen angesiedelt sein:

> Basiswerte bzw. Grundorientierung: Werte wie Frieden, Gerechtigkeit, Sicherheit

> Bereichswerte: sind Werte in verschiedenen Lebens- und Gesellschaftsbereichen des Konsumenten

> produktbezogene Bewertung: hier kommen Wertvorstellungen bezüglich bestimmter Produkte zum Ausdruck.[287]

---

[281] Kotler Philip, Armstrong Gary, Saunders John, Wong Veronica (2007)
[282] Kuß Alfred, Tomczak Torsten (2004), S. 85
[283] Scheuch Fritz (2007)
[284] Meffert Heribert, Bierwirth Andreas (2005)
[285] Trommsdorff Ulrich (2009)
[286] Wiedmann, Raffée (1986) zitiert nach Trommsdorff Ulrich (2009)
[287] Meffert Heribert, Burmann Christoph, Kirchgeorg Manfred (2008)

Werte sind unabhängig von spezifischen Situationen. Sie sind im Zeitablauf relativ stabil und dienen als Leitlinie für jeweiliges Verhalten[288]. Bezugsgruppennormen überlagern Einstellungen und führen zu Anpassungen. Das Motiv, sich diesen Normen anzupassen kommt aus der vermuteten Sanktionserwartung bei deutlichen Abweichungen der eigenen Handlung, zur sozialen Norm.

Hier steht das Individuum unter dem Einfluss der Gesellschaft und der Kultur in der es lebt, der sozialen Schicht und der Gruppen mit denen es Kontakt pflegt und der Familie in der es aufgewachsen ist bzw. lebt. Diese Gruppen haben Einfluss auch auf die Bedeutung, die einem Produkt beigemessen wird.

Der stärkste Einfluss auf das Verhalten geht von den **sozialen Gruppen** aus, denen der Konsument angehört.[289] Es können zwischen formalen (Sekundär-) Gruppen und informalen (Primär-) Gruppen, unterschieden werden. Die formalen (Sekundär-) Gruppen weisen eine starke organisatorische Struktur auf, die Zugehörigkeit ist klar definiert und eher formaler Art. Es herrscht ein distanzierteres Verhältnis zu einander. Mitgliedschaftsgruppen sind zwar auch formal organisiert (z. B. Vereine) aber es besteht ein engeres Verhältnis zu einander.

Die informalen (Primär-) Gruppen haben ein wesentlich engeres, persönliches Verhältnis zu einander. Es besteht ein „Wir-Gefühl". Die Strukturen sind nicht offiziell festgelegt. [290]

Bezugsgruppen sind jene Gruppen, mit denen sich das Individuum identifiziert. Diese haben Einfluss auf Normen und Wertvorstellungen. Die Anerkennung durch diese Gruppe wird vom Individuum als Belohnung, die Nicht-Anerkennung als Strafe empfunden. Hier vorherrschende Meinungen beeinflussen stark Wünsche, Bedürfnisse, Einstellungen und Wahrnehmungen von Konsumenten.

In diesen Gruppen ist noch weiters zu unterscheiden, dass es „Meinungsführer" gibt. Meinungsführer haben eine Schlüsselstellung in Gruppen. Sie entfalten innerhalb von Gruppen eine besondere Aktivität, sind involviert und kommunikativ, und haben Einfluss auf Meinungen und Entscheidungen Anderer. Bedingung für diesen Einfluss ist aber, dass sie auf ein interessiertes Gegenüber treffen. D. h. der Empfänger der Kommunikation muss entsprechend involviert sein, vielleicht ein hohes Kaufrisiko empfinden. Meinungsführerschaft wirkt neben der Massenkommunikation und zusätzlichen anderen persönlichen Kontakten, die ein Individuum pflegt.

In der Werbung werden öfters symbolische Meinungsführer eingesetzt (Testimonials, Ärzte, Sportler, Prominente). Der Einsatz von Meinungsführern im Marketing ist dann sinnvoll, wenn die Kommunikation auf involvierte Konsumenten, die sich aktiv mit dem Produkt auseinandersetzen, trifft.

Means-End-Chains dienen der Entdeckung und Analyse der Art von Zusammenhängen zwischen den relevanten Eigenschaften von Produkten und den bei der Person ausgeprägten Werten.[291] Es wird eine Verbindung von Produkteigenschaften über Konsequenzen dieser Eigenschaften zu Werten hergestellt. Produkteigenschaften werden anhand ihrer Konsequenzen, die sie für den Konsumenten haben, eingeschätzt. Diese werden anschließend wiederum durch die mit Hilfe der Werte gesetzten Maßstäbe beurteilt. Eigenschaften und Konsequenzen sind Mittel (Means), die den Zweck haben, Wertvorstellungen (Ends) zu realisieren. Ein Beispiel ist in Abbildung 13 dargestellt.

---

[288] Kuß Alfred, Tomczak Torsten (2004)
[289] Meffert Heribert, Burmann Christoph, Kirchgeorg Manfred (2008)
[290] Kuß Alfred, Tomczak Torsten (2004)
[291] Kuß Alfred, Tomczak Torsten (2004), S. 38

Klimawandel + Marketing

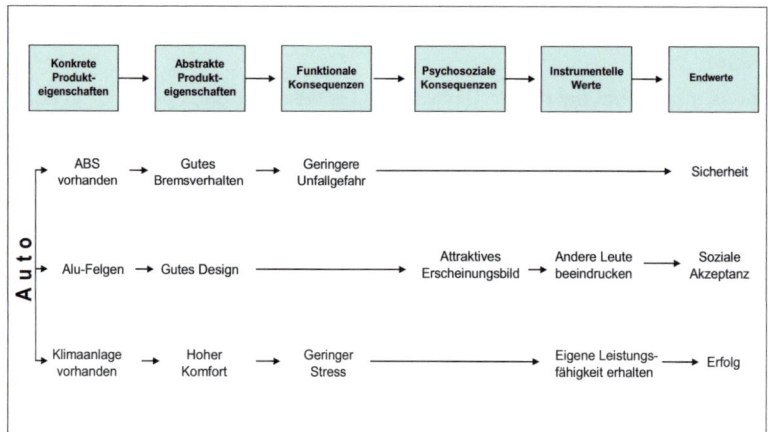

Abb. 13: Anwendungsbeispiel für Means-End-Chain
(Quelle Kuß Alfred, Tomczak Torsten, 2004)

Konsumwerte unterliegen einer größeren Dynamik, da sie abhängig sind von gesellschaftlichen Veränderungen und deren potenziell großen Bedeutung. Konsumbezogene Wertanpassung kann man am Stil der Werbung erkennen, die sich an den Zielgruppenwerten orientiert.

Im Rahmen des gesellschaftlichen Wertewandels belegt der Bereich „Natur" oberste Ränge und zeigt eine breite Attraktivität des Themas. Das Konsumentenverhalten hat sich deutlich in die Richtung auf ressourcen schonenden Konsum entwickelt. Auch in diesem Marktsegment ist es nötig Vereinfachungen durch Marketinginformationen anzubieten und Konsumenten sind für emotionale Marketingbotschaften offen. Kommunikationsstrategien können daher mit breiter Akzeptanz rechnen, was auch dem Markterfolg ökologischer Produktinnovationen förderlich ist.[292]

5.10. Persönlichkeit

Persönlichkeit wird in der Umgangssprache häufig verwendet. Jeder kennt aus unterschiedlichen Erfahrungssituationen eine Vielzahl von Persönlichkeitsmerkmalen. Persönlichkeit macht die Verschiedenartigkeit, die Art, den „Typ" des Menschen aus. Dazu gehören auch die Wesenszüge eines Menschen, wie Selbstvertrauen, Dominanz, Gesellichkeit, Zurückhaltung etc. Persönlichkeit bezieht sich auf eine gewisse Konsistenz von Verhalten und Reaktionen, die über längere Lebensphasen erhalten bleiben.[293]

Die Gesamtheit der für eine Person (...) als typisch angesehenen, fest eingeprägten und normalerweise nicht zu ändernden Verhaltensmuster (insbesondere Reaktions- und Kommunikationsmuster) wird als Persönlichkeit bezeichnet."[294]

Zentrale Aspekte des Begriffs sind die einzigartigen, charakteristischen und längerfristig stabilen Reaktionen des Individuums auf seine Umwelt. Dazu zählen auch Gefühle, Wissen, Motive, Einstellungen und Werte. Diese wirken wechselseitig und ganzheitlich mit bestimmten Anlagen und Zügen („traits": z. B. Sportlichkeit, Musikalität, Spontanität, ...) auf die Ausprägung der Persönlichkeit.

---

[292] Kroeber-Riel Werner, Weinberg Peter, Gröppel-Klein Andrea (2009), S. 705
[293] Kuß Alfred, Tomczak Torsten (2004), S. 78 ff
[294] Trommsdorff Ulrich (2009), S. 196

Klimawandel + Marketing

Im Rahmen des Konsumentenverhaltens können bestimmte Persönlichkeitstypen charakterisiert werden:

> Extraversion:

gesprächig, energiegeladen, bestimmt ⇔ ruhig („quiet"), reserviert, schüchtern

> Verlässlichkeit:

verlässlich, freundlich, mitfühlend ⇔ kalt, streitsüchtig, unbarmherzig

> Gewissenhaftigkeit

gut vorbereitet, verantwortungsbewusst, vorsichtig ⇔ sorglos, verantwortungslos, leichtfertig

> emotionale Stabilität

stabil, ruhig („calm"), zufrieden ⇔ besorgt, labil, launisch

> Offenheit für Erfahrungen

kreativ, intellektuell, offen ⇔ einfach, oberflächlich, unintelligent[295]

Manche Ausprägungen der Persönlichkeit des Individuums sind genetisch bedingt, andere werden durch Sozialisation erlernt. Jede Persönlichkeit erfährt im Lebensverlauf seine eigene, individuelle Entwicklung. Persönlichkeit muss auch im Zusammenhang und unter Beachtung der Bedingungen, in der sich die Persönlichkeit, ausprägt gesehen werden. Dazu gehören: Alter der Person, soziale Schicht, Kultur, Umwelt etc.

Abbildung 14 zeigt eine schematische Darstellung von Persönlichkeit im Zusammenhang mit Konsumentenverhalten.

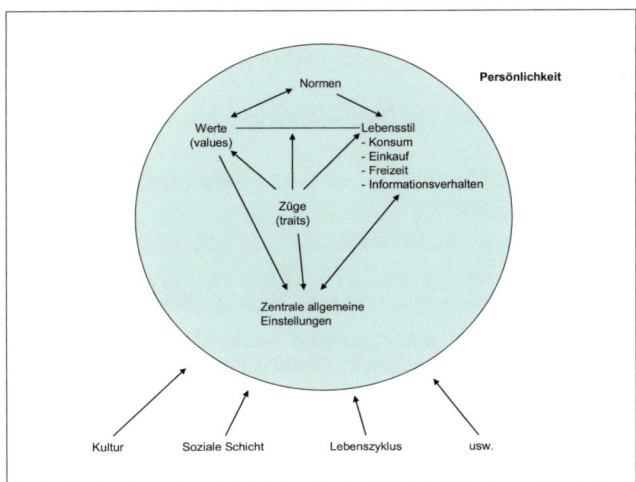

Abb. 14: Persönlichkeit und Zustandskonstrukte des Konsumentenverhaltens
(Quelle: in Anlehnung an Trommsdorff, 2009)

Zum Ausdruck der eigenen Persönlichkeit werden unter anderem auch bestimmte Produkt-Marken benützt, die zum eigenen Einstellungs- und Wertesystem passen. Die „Markenpersönlichkeit" wird dazu benutzt, um die ihr zugeschriebenen Eigenschaften auf sich selbst zu projizieren. Die erworbenen Produkte werden in das Selbstkonzept einer Person integriert und dienen der eigenen Identitätsbildung bzw. Darstellung der eigenen Identität nach außen. Die Marke ist Repräsentant eines angestrebten Lebensstils. „Wir sind, was wir besitzen".[296]

---

[295] Zimbardo / Gerrig (1999) zitiert nach Kuß Alfred, Tomczak Torsten (2004)
[296] Kotler Philip, Armstrong Gary, Saunders John, Wong Veronica (2007), S. 326

6. Marktsegmentierung, Lebensstil, Zielgruppe

6.1. Marktsegmentierung

Als Marktsegmentierung wird die „Aufteilung eines heterogenen Gesamtmarktes in relativ homogene Käufergruppen mit dem Ziel der differenzierten Ansprache dieser Gruppen"[297] bezeichnet.

Eine Beschreibung und Bearbeitung der Marktsegmente soll dadurch möglich werden. Dies dient der Marktidentifizierung und der Befriedigung der Kundenbedürfnisse. Voraussetzung für eine Marktsegmentierung ist, dass die aktuellen und potentiellen Konsumenten Unterschiede im Kaufverhalten und in der Reaktion auf Marketingmaßnahmen aufweisen.[298] Durch die Marktsegmentierung soll ein integriertes Konzept der Markterfassung und Marktbearbeitung ermöglicht werden. Es besteht die Absicht, eine hohe Deckung von angebotener Marktleistung und den Bedürfnissen der Zielgruppe zu erreichen. Diese sollen nach Definition des Marktsegments durch den Einsatz der Marketinginstrumente befriedigt werden.

Anforderungen an Segmentierungskriterien:[299]

> Käuferverhaltensrelevanz: Die gewählten Indikatoren sollen das zukünftige Kaufverhalten der Konsumenten darstellen. Sie sollen die Voraussetzungen für den Kauf eines bestimmten Produktes darstellen.

> Messbarkeit (Operationalisierbarkeit): Die Variablen der Marktsegmentierung müssen mit Marktforschungsmethoden messbar und erfassbar sein.

> Erreichbarkeit bzw. Zugänglichkeit: Durch die Segmentierungskriterien soll die Möglichkeit der gezielten Ansprache der Konsumenten dieses Segments gegeben werden.

> Handlungsfähigkeit: Die Segmentierungskriterien sollen für den Einsatz von Marketingmaßnahmen geeignet sein

> Wirtschaftlichkeit: Der sich aus der Segmentierung ergebende Nutzen muss größer sein als die entstehenden Kosten.

> Zeitliche Stabilität: Die Informationen, die erhoben wurden, sollen über einen längeren Zeitraum hinweg Gültigkeit besitzen.

Dabei können folgende Kategorien der Marktsegmentierung unterschieden werden:

> Geografische Kriterien: Makrogeografische Merkmale (Bundesländer, Stadt/Land, Gemeinden), mikrogeografische Merkmale (Ortsteile, Wohngebiete, Straßenabschn.).

> Soziodemografische Kriterien: demografische Merkmale: (Geschlecht, Alter, Familienstand, Kinder), sozioökonomische Merkmale (Beruf, Einkommen, Ausbildung).

> Verhaltensorientierte Kriterien: Preisverhalten, Mediennutzung, Wahl der Einkaufsstätten, Produktwahl.

> Psychografische Kriterien: allgemeine Persönlichkeitsmerkmale (Lebensstil, soziale Orientierung, Risikoneigung), produktspezifische Merkmale (Wahrnehmungen, Motive, Einstellungen, Nutzenvorstellungen, Kaufabsichten)[300]

Im Folgenden möchte ich auf die Marktsegmentierung mit Hilfe der Bildung von Lebensstilen eingehen. Dies ist im Hinblick auf Veränderungen durch den Klimawandel eine adäquate Form der Segmentierung, denn dieser hat Einfluss auf die Lebenssituation und ist, wie erwähnt, ein psychografisches Kriterium.

---

[297] Kuß Alfred, Tomczak Torsten (2004), S. 86
[298] Meffert Heribert (2000), S. 185 ff
[299] ebenda
[300] Kuß Alfred, Tomczak Torsten (2004)

6.2. Lebensstile

Lebensstile sind Bestandteile der Kultur einer Gesellschaft und sind somit der Umwelt von Personen zuzuordnen. Lebensstil beschreibt ein gewisses Lebensschema und Verhaltensmuster, welche durch die Aktivitäten, Interessen und Meinungen einer Person zum Ausdruck kommen.[301] Lebensstile stellen die miteinander verbunden Einstellungen und Aktivitäten dar, durch die das Verhalten von Konsumenten ein spezifisches Profil erhält.

„Lebensstile stellen komplexe Verhaltensmuster dar, die neben konkretem Verhalten in bestimmten Lebensbereichen (z. B. Freizeit, Beruf, Familie) auch Konstrukte wie Werte und Persönlichkeitszüge beinhalten."[302]

Lebensstile dienen der Marktsegmentierung. Aufgabe ist es, Zielgruppen zu finden, die an verhaltensrelevanten Merkmalen identifiziert und eingeordnet werden können und die auch von anderen Gruppen abgegrenzt werden können. Von der Größe der Gruppe sollen diese für Marketingaktivitäten interessant sein und ökonomisch über Potential verfügen, dass sie für Marketingaktivitäten auch in Frage kommen. Lebensstile eignen sich zur Produktdifferenzierung und Produktpositionierung. Hier muss die „Markenpersönlichkeit" so positioniert werden, dass sie zur Zielgruppe passt. Die Bildwelt und Emotionalität wird versucht an den Lebensstil der Zielgruppe anzupassen.

Der Lebensstil stellt eine Beziehung aus situativen Faktoren, beobachtbaren Handlungen (Activities), emotionalem Verhalten (Interests) und kognitiven Orientierungen und Wertvorstellungen (Opinions) dar. Insbesondere persönliche Werthaltungen werden in stärkerem Maße herangezogen um Lebensstile von Konsumenten zu erfassen und zu kategorisieren. Werte sind langfristige Einstellungen bei Konsumenten von kurzfristigen Veränderungen relativ unabhängig.[303]

Mit Erkenntnissen der Lebensstile soll eine erlebnisorientierte Wahrnehmung und Verankerung von Produkten beim Konsumenten erreicht werden. Durch Darstellung von typischen oder angestrebten Lebensstilen kann eine Etablierung der Produkte bei der Zielgruppe erfolgen. Lebensstil Ansätze können auch der Mediaplanung und Werbeschaltung dienen.

Durch Lebensstilforschung kann auch ermittelt werden, ob sich bestimmte Werte in mehreren Gruppen ändern, auf die Unternehmen dann reagieren können (z. B. stärkeres Ökologiebewusstsein). Die Zukunftsperspektive sollte nach Zielgruppen und zeitlichen Dimensionen dargestellt werden, da diese für Unternehmen ein wichtiger Faktor sind.

Jedoch muss auch erwähnt werden, dass bei einer reinen Lebensstil-Positionierung auch Risiken für Unternehmen bestehen.

> Die Zielgruppe kann an Bedeutung verlieren und das Marktpotential zu klein werden;

> Auf andere Konsumenten, die nicht zu diesem Segment gehören, wird verzichtet;

> Ein Mehrpreis für die Produkte wird vom Konsumenten nur akzeptiert, so lange die Marke attraktiv ist;

> Der Anbieter muss immer auf der Höhe der Zeit sein. Durch Neuentwicklungen kann man eventuell zu avantgardistisch werden.[304]

Daher ist schon zu empfehlen, dass noch weitere Segmentierungen in die Marketingplanung einfließen, z. B. Nutzensegmentierung (Benefit-Segmentierung). Hier wird der wahrgenommene Nutzen eines Produktes als zentrales Kriterium einer möglichen Kaufentscheidung zugrunde gelegt.

Eine in Deutschland stark beachtete Lebensstil-Darstellung sind die SINUS-Milieus. Der Lebensstil ist hier Bestandteil des sozialen Milieus. Die Werteorientierung der sozialen Milieus

---

[301] Kotler Philip, Armstrong Gary, Saunders John, Wong Veronica (2007)
[302] Kroeber-Riel Werner, Weinberg Peter, Gröppel-Klein Andrea (2009), S. 585
[303] Meffert Heribert, Burmann Christoph, Kirchgeorg Manfred (2008), S. 200
[304] Gröppel-Klein (2004) zitiert nach Kroeber-Riel Werner, Weinberg Peter, Gröppel-Klein Andrea (2009)

steuert Lebens- und Konsumstile. Es sollen die Lebenswelten von Zielgruppen unter den sich verändernden Wertorientierungen möglichst adäquat erfasst werden. Es sollen alle relevanten Bereiche erfasst werden, die maßgeblich zur Veränderungen von Einstellungen und Werthaltungen beitragen und die daraus resultierenden Verhaltensmuster aufgezeigt werden. In Abbildung 15 sind die SINUS-Milieus dargestellt und in Abbildung 16 erklärt.

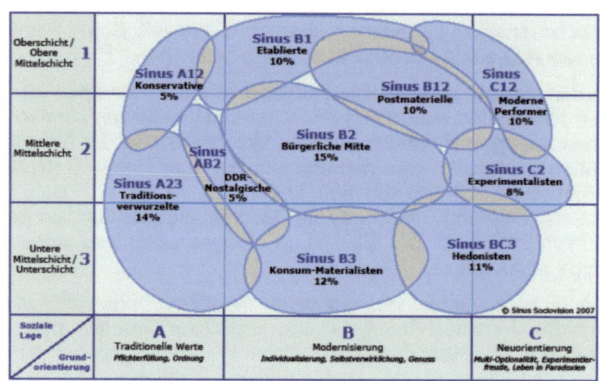

Abb. 15: SINUS-Milieus in Deutschland 2007
(Quelle: Sinus Sociovision, 2008)

Die Sinus-Milieus® (2)
Kurzcharakteristik

Gesellschaftliche Leitmilieus			
▪ Sinus B1	(Etablierte)	10% ➢	Das selbstbewusste Establishment: Erfolgs-Ethik, Machbarkeitsdenken und ausgeprägte Exklusivitätsansprüche
▪ Sinus B12	(Postmaterielle)	10% ➢	Das aufgeklärte Nach-68er-Milieu: Liberale Grundhaltung, postmaterielle Werte und intellektuelle Interessen
▪ Sinus C12	(Moderne Performer)	10 % ➢	Die junge, unkonventionelle Leistungselite: intensives Leben – beruflich und privat, Multi-Optionalität, Flexibilität und Multimedia-Begeisterung
Traditionelle Milieus			
▪ Sinus A12	(Konservative)	5% ➢	Das alte deutsche Bildungsbürgertum: konservative Kulturkritik, humanistisch geprägte Pflichtauffassung und gepflegte Umgangsformen
▪ Sinus A23	(Traditionsverwurzelte)	14% ➢	Die Sicherheit und Ordnung liebende Kriegsgeneration: verwurzelt in der kleinbürgerlichen Welt bzw. in der traditionellen Arbeiterkultur
▪ Sinus AB2	(DDR-Nostalgische)	5% ➢	Die resignierten Wende-Verlierer: Festhalten an preußischen Tugenden und altsozialistischen Vorstellungen von Gerechtigkeit und Solidarität
Mainstream-Milieus			
▪ Sinus B2	(Bürgerliche Mitte)	15% ➢	Der statusorientierte moderne Mainstream: Streben nach beruflicher und sozialer Etablierung, nach gesicherten und harmonischen Verhältnissen
▪ Sinus B3	(Konsum-Materialisten)	12% ➢	Die stark materialistisch geprägte Unterschicht: Anschluss halten an die Konsum-Standards der breiten Mitte als Kompensationsversuch sozialer Benachteiligungen
Hedonistische Milieus			
▪ Sinus C2	(Experimentalisten)	8% ➢	Die extrem individualistische neue Bohème: Ungehinderte Spontaneität, Leben in Widersprüchen, Selbstverständnis als Lifestyle-Avantgarde
▪ Sinus BC3	(Hedonisten)	11% ➢	Die Spaß-orientierte moderne Unterschicht / untere Mittelschicht: Verweigerung von Konventionen und Verhaltenserwartungen der Leistungsgesellschaft

Abb. 16 Kurzcharakteristik SINUS-Milieus
(Quelle: Sinus Sociovision, 2008)

6.3. Zielgruppen

Die Segmentierung des Marktes ist wichtiger Bezugspunkt für Marketing- und Kommunikationsmaßnahmen, die sich an die Zielgruppe richten. Dafür ist eine geeignete Zielgruppenbeschreibung nötig. Diese sind Ausgangspunkt zur Formulierung der Kommunikationsstrategie und durch diese können konkrete Hinweise für die Planung der Kommunikation, Botschaftsgestaltung und Medienwahl getroffen werden.[305]

Mit der Wahrnehmung des Klimawandels und aufbauend auf die Umweltbewegung hat sich eine Entwicklung in den Einstellungen der Bevölkerung zu diesem Themenbereich ergeben. Nachdem die Bedeutung des Themas in den Neunzigerjahren stark abgenommen hatte, gewinnt es nun zunehmend wieder an Gewicht. 90 Prozent der Befragten der Untersuchung „Umweltbewusstsein in Deutschland 2008", messen ihm große Bedeutung bei. 80 Prozent sind der Meinung, dass der Mensch für den Klimawandel verantwortlich sei und ebenfalls 80 Prozent wären bereit mehr für den Umweltschutz zu tun, „wenn alle so handeln würden."[306] Die Deutschen messen dem Thema Klimaschutz somit große Bedeutung bei und „73 Prozent der Bevölkerung sind überzeugt, dass die Bürger viel zum Klimaschutz beitragen können."[307]

Deutlich ist damit noch einmal die Thematik eines Wertewandels, hin zu mehr Umweltbewusstsein, unterstrichen. Seit die Medien Klimaschutz als Thema entdecken, denken viele Verbraucher um.[308] Vor diesen Hintergrundszenarien haben sich **neue Zielgruppen** entwickelt. Dabei ist zu bemerken, dass dieses heutige Umweltbewusstsein nicht mehr vergleichbar ist mit dem Umweltbewusstsein aus den 70er Jahren. Aus der damaligen Protestbewegung eines „Alternativen Milieus" (SINUS-Milieu, Anm. Verf.)[309] hat sich das Thema in den 90ern in Richtung Genuss- und Erlebnisorientierung entwickelt und ist heute in der Mitte der Gesellschaft angekommen. Das Thema ist keine „Weltverbesserungsideologie" und hat nichts mehr mit Verzicht und Askese zu tun, sondern ist normaler Wert von breiter Akzeptanz. Die Diffusion des Themas hat zur Folge, dass Forderungen nach Naturschutz, Nachhaltigkeit und Verantwortungsethik im gehobenen Segment der Gesellschaft breit akzeptiert werden. Das Thema Ökologie ist in allen Milieus ein aktuelles Thema, das an die jeweiligen Grundorientierungen anschließt, aber dann doch eine eigene Interpretation erfährt und relativiert wird. Im Alltag wird eine ökologische Orientierung an situative Gegebenheiten angepasst und entsprechend angepasst. Das Milieu der „Postmateriellen" bleibt Schrittmacher beim Thema Ökologie und richtet seinen Lebensstil auch konsequenter danach aus.[310]

Die soziokulturelle Entwicklung und Veränderung des Themas Ökologie, von einem Alternativthema einer kleinen Minderheit, zu einer breiten Akzeptanz in der Bevölkerung ist in den Abbildungen 17 und 18 dargestellt.[311]

---

[305] Meffert Heribert (2000), S. 682
[306] Bundesministerium für Umwelt, Naturschutz und Reaktorsicherheit (2008)
[307] Institut für Demoskopie Allensbach (2008)
[308] Pressemitteilung Universität Hohenheim, 15.04.2008, http://www.idw-online.de/pages/de/news255493, Abruf 13.02.2009
[309] Wippermann Carsten (2005)
[310] ebenda
[311] ebenda

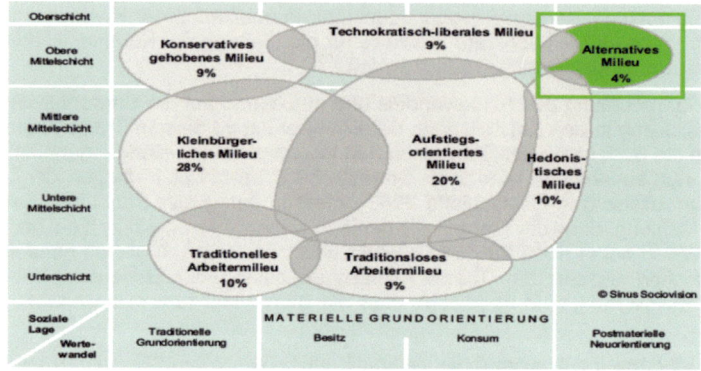

Abb. 17: SINUS-Milieu Ökologie Anfang 80er Jahre
(Quelle Sinus Sociovision, 2005)

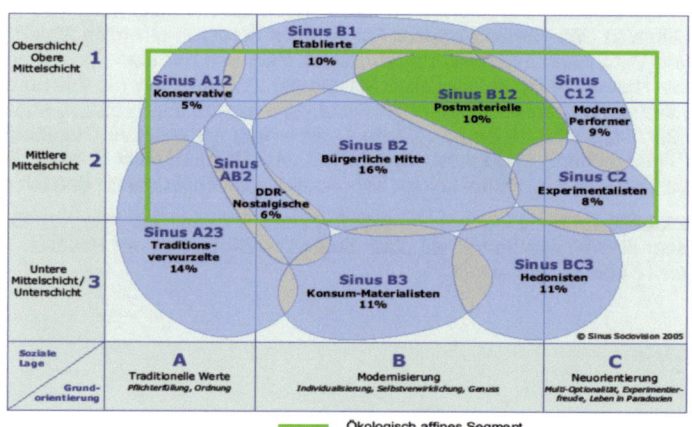

Abb. 18: SINUS-Milieu Ökologie 2005
(Quelle Sinus Sociovision, 2005)

Vor diesem Hintergrund ist eine neue Zielgruppe, die für einen „Lifestyle of Health and Sustainability" (LOHAS) steht, definiert worden. Der Begriff stammt aus den USA und wurde von dem Soziologen Paul Ray formuliert.[312] In Deutschland wird ca. ein Viertel der Konsumenten dieser Zielgruppe zugerechnet.[313]

---

[312] http://de.wikipedia.org/wiki/LOHAS, Abruf 08.03.09, 23.15 Uhr
[313] Bachl Thomas (2008)

Je nach Untersuchung schwankt dies von 10 bis 30 Prozent.[314] Sie achten auf ihre Gesundheit und den nachhaltigen Schutz der Umwelt. Sie vereinen damit individuelle und gemeinschaftliche Interessen. LOHAS sind im Vergleich zum Bevölkerungsdurchschnitt etwas älter (40+), haben höhere Bildung, sind finanziell besser gestellt, haben überproportionale Ausgaben im Lebensmittel-Einzelhandel (LEH) und leben häufiger in westdeutschen Großstädten.[315] In einer anderen Untersuchung wird diese Zielgruppe noch etwas älter eingeschätzt (über 50 Jahre alt) und habe einen überdurchschnittlich hohen Frauenanteil.[316] Ein weiteres Merkmal ist auch ihre Technikaffinität, speziell zu neuen Medien.[317]

Der Konsumstil wird als in hohem Maße qualitätsorientiert beschrieben, deutlich überdurchschnittlich innovationsoffen, mit großer Bedeutung für regionale Produkte, überdurchschnittlich markenorientiert und mit Wertschätzung gründlicher Informationen. Sie legen großen Wert darauf, dass Produkte von Unternehmen stammen, „die sozial und ökologisch verantwortungsbewusst handeln."[318] Der Lifestyle ist eine Kombination aus Konsum und Verantwortung, Grün und Genuss, Natur und Technik und dabei „frei bleibt von jeglichem Ideologiedunst".[319]

Sie sind auch Meinungsmultiplikatoren, die für aktuelle Trends im Konsum stehen. Man ist bereit mehr Geld auszugeben, wenn man weiß, dass Produkte die gehobenen Standards erfüllen.[320]

Marktwirtschaftlich steht diese Gruppe für einen hohen Konsum. Man ist bereit für seinen Anspruch mehr auszugeben, als der Durchschnitt der Bevölkerung.[321] Sie hat einen deutlich höheren Marktanteil der Gesamtausgaben an Fast-Moving-Consumer-Goods.[322] Es gibt Schätzungen, die von einem Marktpotential von 200 Milliarden Euro pro Jahr ausgehen.[323]

Trotz dieser nahezu euphorischen Werte zu dieser Zielgruppe sind ein paar weitere Aspekte zu sehen. Diese Gruppe gehört der sozialen Oberschicht an und es fällt ihnen daher leichter, ihre Präferenzen auch finanziell zu verwirklichen. Dies dient dazu, wie bei Besserverdienenden üblich, für seine Wünsche etwas mehr an Geld auszugeben und sich so auch von anderen Gruppen abzugrenzen. Der eigene Lebensstil soll doch dokumentiert werden und zeigt welcher Bezugsgruppe man angehört. Man ist hipp und benützt den Nachhaltigkeitsgedanken zur Selbstdarstellung. Gleichzeitig tut man dabei etwas für sein gutes (Umwelt-)Gewissen.

Die anderen Konsumenten, die Mehrheit, verliert man dabei vielleicht aus dem Auge. Diese doch selbstbewusste und fordernde Haltung trifft bei weniger betuchten Menschen auf Skepsis. Viele Ansprüche, die LOHAS haben, passen nicht in deren Geldbörse. Und die Einkaufsstätten der LOHAS sind nicht die ihren. Für den „Normalverbraucher" ist es daher wichtig, dass nachhaltig hergestellte Produkte auch in normalen Einkaufsstätten und Discountern zu erhalten sind.

Es besteht auch der Vorwurf, dass das „Avantgarde-Bewusstsein" wenig Kenntnis von den Herausforderungen eines normalen Alltags habe. Und wenn man sich nun für ein klimaneutrales Produkt entschieden habe, würde die CO2-Eisparung doch wieder durch die internationalen Regelungen des Emissionshandels zunichte gemacht. Auf industrielle Produktionspro-

---

[314] Pressemitteilung Universität Hohenheim, 15.04.2008, 200 Milliarden Marktpotential: Ausgabenfreudige Weltverbesserer etablieren sich als Mega-Konsumentengruppe, http://www.idw-online.de/pages/de/news255493, Abruf 13.02.2009
[315] Bachl Thomas (2008)
[316] De Sombre Steffen (2008)
[317] Horx Matthias (2008)
[318] De Sombre Steffen (2008)
[319] Horx Matthias (2008)
[320] Bachl Thomas (2008)
[321] De Sombre Steffen (2008)
[322] Bachl Thomas (2008)
[323] Pressemitteilung Universität Hohenheim, 15.04.2008

zesse hätten Endverbraucher keinen Einfluss. Daher wäre es zielführender, politische Rahmensetzungen zu verfügen. Konsum verändere nichts.[324]

Auch seien Konsumenten oft nicht in dem Maße informiert, wie es die LOHAS sind. Hier besteht die Gefahr, dass Hersteller mit einem „Tuning von Etiketten" sich auch ihr „Stück vom Kuchen sichern wollen". Eine klare Kennzeichnung von klimafreundlichen Produkten könnte hier Abhilfe schaffen und Orientierung geben. Aber eine klare Kommunikation dieses Wertes Klimafreundlichkeit wäre auch vonnöten, um einen entsprechenden Push-Effekt zu erzielen.[325]

Dennoch sagen Untersuchungen, dass 90 Prozent der Verbraucher, und dies umfasst ein größeres Segment als nur die LOHAS, ein CO_2-neutrales Produkt kaufen würden. Dem steht allerdings ein bisher mangelhaftes Angebot an Produkten und Dienstleistungen gegenüber. Unternehmen haben bisher die sich eröffnenden Chancen noch nicht genutzt. Somit bestünden auch starke Möglichkeiten für eine Profilierung von Unternehmen[326] und Differenzierung im Wettbewerb. Dazu ist es nötig, die entsprechende Glaubwürdigkeit von Unternehmen zu schaffen und ökologisch relevante Zukunftsaspekte, die auf den Klimawandel eingehen, zu berücksichtigen.[327]

Es ist zu vermuten, dass der Hype um die LOHAS nach einiger Zeit wieder abebben wird. Dennoch wird voraussichtlich ein breiteres und stärkeres Umwelt- und Nachhaltigkeitsbewusstsein in der breiten Masse der Konsumenten bestehen bleiben. Diese Werte werden nicht abrutschen, werden aber von mehr Pragmatismus geprägt sein. Dies erleichtert dann auch für weniger gut situierte Konsumenten den Zugang zu diesen Produkten.[328]

---

[324] Geden Oliver: Die Klimafront verläuft nicht im Alltag, Nur die Politik kann die Umwelt retten – der Einzelne ist trotz der grünen Moden machtlos, in Süddeutsche Zeitung, 11.08.2008, S. 13 http://www.swp-berlin.org/common/get_document.php?asset_id=5185, Abruf 09.03.09, 1.22 Uhr
[325] Wippermann Katja (2008)
[326] Pressemitteilung Johannes Gutenberg-Universität Mainz, Verbraucher fordern CO2-neutrale Produkte, http://www.idw-online.de/pages/de/news254919, Abruf 08.03.09, 22.45 Uhr
[327] Regier Stefanie (2008)
[328] Müller-Friemauth Friederike, sociovision, Telefongespräch 11.03.09, 10.30 Uhr

7. Unternehmen, Marke, Positionierung

7.1. Unternehmen

Diesen sich wandelnden Ansprüche von Konsumenten stellen Unternehmen vor neue Herausforderungen. In zunehmendem Maße wird Verantwortungsbewusstsein und entsprechendes Verhalten eingefordert. Wirtschaft findet nicht im luftleeren Raum statt, sie ist in ein soziales und gesellschaftliches Bezugssystem eingebettet. Unternehmensstrategien, Unternehmensziele, Produkte und Vertriebswege müssen neu bedacht und verändert werden. Es muss Vertrauen beim Kunden aufgebaut werden und dazu gehören alle Stakeholder mit einbezogen.

Nachhaltiges, den Klimawandel berücksichtigendes Wirtschaften, darf nicht nur Lippenbekenntnis oder „green washing" sein. Da Verbraucher nicht naiv, selbstbewusst und heute stark vernetzt sind werden solche Strategien rasch entlarvt werden und wären für den Aufbau eines vertrauenswürdigen, starken Images kontraproduktiv.

Das Unternehmensziel muss es dennoch bleiben, in einem dynamischen und komplexen Umfeld seine Wettbewerbsfähigkeit zu erhalten und seine Geschäftstätigkeit auf zukünftige marktwirtschaftliche Entwicklungen ausrichten zu können.

"Das Kernziel (…) liegt nicht in vermeintlich zweckfreien „Wohltätigkeiten", die der Marke Presseerfolge bescheren, sondern darin, strategisches Wissen mit sozialen und ökologischen Bezügen anzureichern, um im Kampf um Wettbewerbsvorteile in einem zunehmend kritischer werdenden Umfeld die Nase vorne zu haben."[329]

Grundsätzlich ist ein **klares und langfristig ausgerichtetes Zielsystem** wesentlicher Bestandteil von Unternehmungen und deren Marketingkonzeptionen. Ohne eine zielorientierte Ausrichtung bestünde die Gefahr einer permanenten Anpassung an äußere Einflüsse, ohne die Möglichkeit des Aufbaus einer Unternehmensidentität, die auch von außen wahrgenommen und identifiziert werden kann.

Dazu ist eine Analyse des Unternehmens und der Umweltbedingungen nötig. Es sind dies

> Umweltbedingungen und Trends,

> die Stärken und Schwächen des Unternehmens,

> die Beziehung zwischen Umweltchancen und Unternehmensressourcen,

> die kulturellen Wertmaßstäbe und Ideale der Unternehmensleitung,

> die Verpflichtung des Unternehmens gegenüber der Gesellschaft festzustellen.[330]

Im Anschluss an diese Analyse lassen sich strategische Ziele definieren, die die Arten von Leistungen, die in der Gesamtwirtschaft zu erbringen sind, als „business mission"[331] erarbeiten. Der Strategie-Prozess wird in Abbildung 19 noch einmal dargestellt.

Es muss dabei berücksichtigt werden, wie viel Veränderung ein Unternehmen denn überhaupt verträgt. Es muss die Balance gefunden werden zwischen als notwendig erkanntem Wandel und Unternehmensstrategie, ohne sich dabei selbst untreu zu werden.[332] Dieser Prozess bedarf eines internen Prozesses der Entwicklung und Reifung. Es muss die Abstimmung gefunden werden zwischen „ökologisch Notwendigem, ökonomisch Sinnvollem und sozial Gebotenem."[333] Es wäre ein Fehler verfrüht mit neuen Ansätzen in die öffentliche Kommunikation zu gehen und eine nicht erwünschte Gegenreaktion zu erfahren.[334] Neue Strategien, Ziele und eventuelle Änderungen müssen in das Gesamtsystem Unternehmen

---

[329] Köhler Susanne, Haderlein Andreas (2007)
[330] Meffert Heribert, Burmann Christoph, Kirchgeorg Manfred (2008), S. 238
[331] Kotler Philip, Bliemel Friedhelm (2001)
[332] Meffert Heribert, Burmann Christoph, Kirchgeorg Manfred (2008), S. 241
[333] Schmitt Thomas, Trabert Heidi (2008
[334] Frause Bob, Colehour Julie (1994)

und Umwelt eingebunden sein. Einzelne Aktionen gegen das Gesamtsystem werden voraussichtlich nicht erfolgreich sein. Der Klimawandel und die damit verbundene Aufmerksamkeit schaffen die Bedingungen um hier erfolgreich handeln zu können.

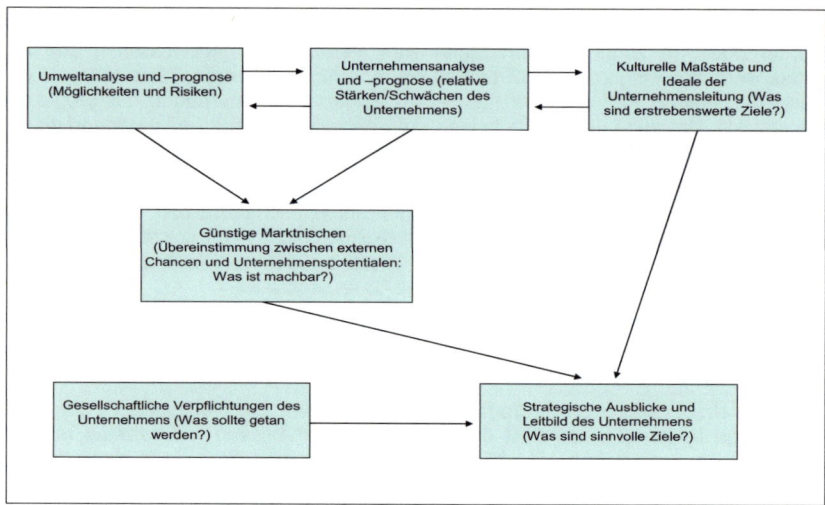

Abb. 19: Prozess der Festlegung strategischer Ziele
(Quelle: in Anlehnung an Meffert et al. 2008)

Wie bereits oben im Abschnitt „Moderne Marketingansätze" dargestellt, orientiert sich das Unternehmensziel nicht mehr nur an dem einzigen Ziel Profitmaximierung, sondern schließt seine Umwelt mit ein. Eine dauerhafte Wertsteigerung ist das Ziel. Hier sei noch einmal auf das „wohlfahrtsbedachte Marketing" von Kotler /Bliemel (2001) verwiesen. Es wird ein Ausgleich zwischen Betriebsgewinn, Befriedigung der Kundenwünsche und gesellschaftlicher Ansprüche angestrebt.

Die Aufgabe der Organisation bestehe darin, „die Bedürfnisse, Wünsche und Interessen der Zielmärkte zu ermitteln und die gewünschten Befriedigungswerte wirkungsvoller und wirtschaftlicher anzubieten als die Konkurrenten, und zwar auf eine Weise, die die Lebensqualität der Gesellschaft bewahrt und verbessert."[335]

Die Unternehmenspersönlichkeit (**Corporate Identity, CI**) ist hierbei ein wichtiger Faktor, natürlich mit erheblichem Potential. Die CI beeinflusst die Darstellung des Unternehmens nach außen (Kunden, Lieferanten) und nach innen (Mitarbeiter). Sie muss klar formulierte Unternehmensgrundsätze enthalten und eine gemeinsame Zielorientierung vermitteln, die für Mitarbeiter und Unternehmensführung verhaltensweisend sein soll.[336] Die CI spiegelt die Einstellung der Führungskräfte und Mitarbeiter wider und produziert in der Öffentlichkeit ein eigenes Image, das als Identität des Unternehmens wahrgenommen wird.

Ein entsprechendes CI muss von der Führungsebene implementiert und vorgelebt werden, sonst wird es nicht von den Mitarbeitern übernommen.[337] Personalpolitisch hätte ein entsprechend gelebtes CI durchaus positive Auswirkungen: Sinnstiftung, Loyalität, Produktivität, Recruiting.

Die Bausteine der Corporate Identity werden in Abbildung 20 dargestellt.

---

[335] Kotler Philip, Bliemel Friedhelm (2001)
[336] Meffert Heribert (2000)
[337] ebenda

Klimawandel + Marketing

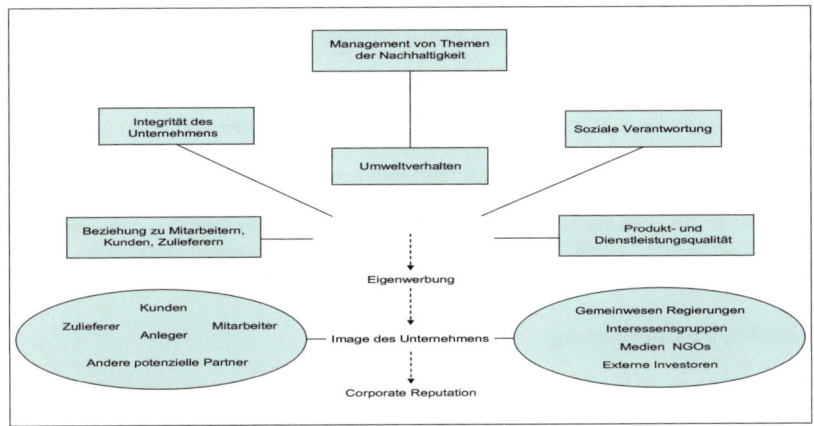

Abb. 20: Wichtigste Bausteine zur Corporate Identity
(Quelle: in Anlehnung an Köhler Susanne, Haderlein Andreas, 2007)

Folgende **Vorteile** eines modernen, nachhaltigen, den Klimawandel berücksichtigenden Managements wären zu nennen:

> Reputation: verantwortungsvolles Handeln schafft Vertrauen bei Kunden, Geschäftspartnern, Politik und dem Kapitalmarkt,

> Sensibilität: sensibilisiert für gesellschaftliche Veränderungen und eröffnet dadurch neue Geschäftsfelder, z. B. im Bereich energiesparender Proukte,

> Mittelfristige Kostensenkung: minimiert Risiken durch höhere Aufmerksamkeit und spart Kosten durch weitsichtiges und Ressourcen schonendes Wirtschaften,

> Attraktivität: motiviert Mitarbeiter zu höherer Leistungsbereitschaft und schafft Zufriedenheit, das Unternehmen ist attraktiv für gut ausgebildete Bewerber.[338]

Durch die Maßnahmen sollte es gelingen, **Vertrauen** beim Nachfrager in das Unternehmen zu entwickeln. Vertrauen basiert auf affektiven und kognitiven Einstellungen. Bei zunehmend positiven Erfahrungen entwickelt sich ein Vertrauensgefühl, das mit einer hohen Loyalität zum Anbieter verbunden ist. Er muss sich in einer risikobehafteten Situation darauf verlassen können, dass der Anbieter bzw. die Marke die Bereitschaft und Fähigkeit haben, seine Erwartungen erfüllen zu können.[339] Es entwickelt sich ein Gefühl der Sicherheit. Dabei kann man davon ausgehen, dass ein Gefühl der Sicherheit positive Auswirkungen auf den Kundenlebenszeitwert (Customer Lifetime Value) für das Unternehmen hat.

Das Vertrauen kann gestützt werden durch entsprechendes Engagement und Unterstützung von Projekten, Reporting Systemen, Aufnahme des Themas Verantwortung, CO2-Emissionen in Geschäftsbericht, Kommunikationsmaßnahmen, Einrichtung von Kommunikationsmöglichkeiten und Plattformen, Testberichte, Zusammenarbeit mit NGOs. Offenheit in der Thematik für alle Stakeholder ist hierbei eine wichtige Voraussetzung.[340]

Es ist unabdingbar, konkrete Maßnahmen zur CO2-Einsparung zu belegen bzw. von Engagements, die zum Klimaschutz beigetragen haben zu berichten, und entsprechend zu kommunizieren. „Tu Gutes und sprich darüber". Abgeleitet aus dem sozialen Marketing, sollte

---

[338] Köhler Susanne, Haderlein Andreas (2007)
[339] Meffert Heribert, Burmann Christoph, Kirchgeorg Manfred (2008), S. 129
[340] Frause Bob, Colehour Julie (1994)

dies aktiv geschehen und eine zusätzliche synergetische Kommunikationsebene sein, zu den bereits kommunizierten rationalen und emotionalen Werten der Marke.[341]

Gelingt es, die Vertrauenswürdigkeit eines Unternehmens herzustellen, ist bereits eine erste Zielsetzung für die Markenführung gegeben. Das Vertrauen in das Unternehmen ist Vorläufer für die Vertrauenseigenschaften, die der Marke/dem Produkt entgegen gebracht werden. Dabei wird dieses Vertrauen vom Konsumenten als Schlüsselinformation benutzt und als „Information Chunk" abgelegt. Diese werden dann bei Bedarf für die Beurteilung der komplexen Umweltsituation vom Konsumenten abgerufen. Als Voraussetzung muss vom Unternehmen auch die entsprechende Glaubwürdigkeit geschaffen werden, damit das Vertrauen entstehen kann und dieses dem Unternehmen die entsprechende Reputation verschafft.[342] Marken mit ethischen Grundsätzen werden zukünftig überzeugender sein als andere.[343]

7.2. Marke, Positionierung

Für den Aufbau einer Beziehung ist die Marke der **Bezugspunkt** für den Konsumenten. Diese Beziehung ist Basis für das Markenvertrauen, das im Laufe der Markennutzung entsteht und die über eine intensive emotionale Qualität verfügen kann.[344] Das Markenvertrauen verringert das Kaufrisiko für den Konsumenten und darauf bauen Markenloyalität und Markenbindung auf. Der Kunde verlangt immer wieder nach dieser Marke und sie ist wie ein „Schutzwall gegen die Marketing-Strategien der Konkurrenz"[345]. Eine Marke spiegelt die Bedeutung eines Produkts für den Käufer wider.

> „Die am längsten andauernde Positionierung einer Marke beruht auf den Werten der Kultur und der Persönlichkeit, die sie projiziert. Diese bestimmen das innere Wesen der Marke. Aber auch diese Assoziationen müssen laufend gepflegt, gefestigt und nach dem Trend zeitgemäß verjüngt werden, wenn die Marke nicht veralten und ihre Bedeutung verlieren will."[346]

Marken repräsentieren die Wahrnehmung und Gefühle der Konsumenten bezüglich der Produkte und deren Leistungsfähigkeit. Dazu kommuniziert eine Marke in kompakter Form verschiedene Aspekte:

> Eigenschaften: sie ruft Assoziationen zu Marke und deren Eigenschaften hervor,

> Nutzen: funktionale und emotionale Kundennutzen,

> Wert: signalisiert der Marke zugeordnete Werte,

> Kultur: die Marke kommuniziert Produkt- und Markenkultur,

> Persönlichkeit: die Marke projiziert ihr eigenes Persönlichkeitsprofil,

> Nutzeridentifizierung: die Marke wird mit einem bestimmten Nutzen verbunden.[347]

Durch die Identifizierung der externen und internen Rahmenbedingungen lassen sich **markenpolitische Ziele** festlegen. Diese sind ökonomischer oder psychografischer Art. Die ökonomischen Ziele sind Customer Equity, das Preisfeld der Marke, die Akquisitions- und die Kundenbindungskosten und die Umsatzrendite. Zu den psychogragischen Zielen zählen die Markenbekanntheit, die Marken- und Händlerloyalität, die Eroberungsrate, die Zufriedenheit, Weiterempfehlungsrate oder die Markensympathie.[348] Oberstes Ziel ist die Steigerung des Customer Equity (Kundenstammwert) und damit des ökonomischen Werts der Marke.[349]

---

[341] Pringle Hamisch, Thompson Marjorie (2002)
[342] Meffert Heribert, Bierwirth Andreas (2005)
[343] Pringle Hamisch, Thompson Marjorie (2002)
[344] Esch Franz-Rudolf, Langner Tobias, Brunner Christian (2005)
[345] Kotler Philip, Armstrong Gary, Saunders John, Wong Veronica (2007), S. 647 ff
[346] Kotler Philip, Bliemel Friedhelm (2001), S. 738
[347] ebenda
[348] Burmann Christoph, Meffert Heribert (2005)
[349] ebenda

Um das oben angesprochene Vertrauen gewinnen zu können, ist es nötig dem Konsumenten eine klare Identität der Marke zu präsentieren. Über die Identität wird Orientierung geschaffen, die Marke soll „Gestalt bekommen" und es ist der Aufbau einer Beziehung mit Kundentreue und –bindung möglich.

Zur Konzeption der **Markenidentität** sind folgende Punkte wichtig:

> Herkunft der Marke: ihre Wurzeln, von wo, wem oder was stammt die Marke,

> die Markenkompetenz: die Fähigkeiten und ihre spezifischen Wettbewerbsvorteile,

> die Markenleistung: bestimmt die grundsätzliche Form und Ausstattung,

> die Markenvision: gibt eine langfristige Entwicklungsrichtung vor für Motivation, Identifikation und Koordination,

> die Markenwerte: woran „glaubt" die Marke, dies sind die emotionalen Werte, die auch den Wünschen der relevanten Zielgruppe entsprechen,

> die Markenpersönlichkeit: sie determiniert den Kommunikationsstil der Marke.[350]

Das passgenaue aufeinander Abstimmen der verschiedenen Komponenten, dient der Glaubwürdigkeit der Marke. Aus unserer Sicht des Klimawandels muss die Markenidentität an die damit verbundenen Werte und Vorstellungen angepasst werden. Es muss fassbar und erkennbar werden wofür die Marke steht. Die Markenidentität steht in Verbindung mit der Umwelt des Unternehmens. Es bedarf einer kontinuierlichen Vermittlung von Erlebnissen unter den Identitätskriterien, die zum Aufbau und zur Festigung der Identität und ihrer Positionierung führen. Die Marke bekommt ein Image in der Außendarstellung und ist somit ein wichtiger Faktor für eine starke Position im Wettbewerb. Hier ist eine „aktive Positionierung"[351] zu verfolgen, die wichtige Kaufentscheidungskriterien besetzt, die vor der Thematik Klimawandel relevant sind.

Ein klar erkennbarer Auftritt der Marke prägt ihr Image. Für die **Positionierung** der Marke gilt das Motto „Das Ganze ist mehr als die Summe seiner Teile".[352] Um einen gewünschten starken Eindruck beim Konsumenten zu erzeugen, muss eine klare Integration der verschiedenen Marketingmaßnahmen erfolgen. Synergieeffekte können hier verstärkend genutzt werden. Die integrierte Kommunikation führt durch Vermittlung konsistenter Botschaften und Bilder, zu einer schnelleren Aufnahme und Verankerung im Gedächtnis. Dazu zählen auch Maßnahmen, die über die Massenmedien kommuniziert werden, Verpackungen, Internet-Auftritt, Events oder die persönliche Kommunikation.

Diese integrierte Kommunikation hilft dem Konsumenten bei der besseren Wahrnehmung eines Images, da die Eindrücke nicht zersplittert sind und somit besser zugeordnet werden können. Durch immer wieder kehrende Bilder ist auch eine bessere Erinnerung möglich. Hier ist noch einmal zu erwähnen, dass Bilder Sprachinformationen vorzuziehen sind, da diese deutlich besser aufgenommen und erinnert werden. Auch der Erlebniswert und die Vermittlung von Emotionen, kann über Bilder wesentlich besser erreicht werden. Für die integrierte Kommunikation ist die Entwicklung von Schlüsselbildern (Key-Visuals, z. B. Segelschiff von Becks, Marlboro Cowboy) zur Wiedererkennung und Positionierung sehr hilfreich. Durch wiederkehrende Bilder erhält die Marke schneller einen emotionalen Rahmen. Zu stark zersplitterte Informationen würden zu Verwirrung und Abwehr führen.

Kommunikation ist die „Stimme der Marke" und dient dem Aufbau eines hohen Markenwerts. Wesentlicher Faktor für den Aufbau starker Marken und Ihrer Positionierung ist die zeitliche Stabilität und Konsistenz der in der Kommunikation vermittelten Inhalte.[353] Diese müssen sich an der zuvor entwickelten Markenidentität ausrichten.

---

[350] ebenda
[351] ebenda
[352] Esch Franz-Rudolf (2005), S. 153 f
[353] Esch Franz-Rudolf (2005), S. 709 ff

Die Stärke einer Marke ist die „Macht, beim Konsumenten Kaufpräferenz und Loyalität herbeizuführen."[354] Eine Marke muss aber auch gepflegt werden, damit sie Ihren Wert beim Kunden behält und somit auch zu einem Wert des Unternehmens wird. Die positiven Markenassoziationen müssen aufrechterhalten und kontinuierlich verbessert werden. „Gut geführte Marken leben länger als jede Produktform oder Produktionsanlage des Unternehmens."[355]

Gute Marken gehören mit zu den langfristigen Aktiva eines Unternehmens. Eine starke Marke stellt einen hohen Wert dar. Marken stellen somit einen Unternehmenswert dar, der im Potenzial des Kundenstammes begründet ist, also der Wert der Kundenbeziehungen, die die Marke schafft. Das Kundenkapital der Marke ist somit das Markenkapital. Wichtig für die Bewertung einer Marke sind:

> Markentreue der Käufer,

> Bekanntheit des Markennamens,

> Beurteilung der Qualitätsstandards durch den Kunden,

> Markenpersönlichkeit und damit verbundene Assoziationen.[356]

„Marken haben etwas mit besonderem Charakter zu tun (…)."[357] Aufbau starker Marken kann durch das Kommunizieren eines einfachen, klaren Kundennutzens geschaffen werden. Auch die Differenzierung ist durch Konzentration auf Wesentliches besser zu erreichen. Die Marke sollte sich als kompetenter Problemlöser für den Kunden erweisen. Sie erleichtert Entscheidungsprozesse. Der Aufbau einer stabilen Marke-Kunden-Beziehung ist erklärtes langfristiges Ziel. Eine fortlaufende Innovation und Evolution der Marke mit Ihrer Markenidentität schafft hier eine Grundlage. Dazu kommen die Werte, die eine Marke verkörpert und die gesellschaftliche Verantwortung, die sie dadurch dokumentiert. Ein ganzheitliches, integriertes Identitätsmanagement bewirkt nachhaltigen Erfolg.

"Die Erkenntnis, dass Markenbekanntheit alleine wenig bringt, Markenvertrautheit, -relvanz und -differenzierung (als einstellungsbedingter Faktor) wichtiger sind, nimmt zu."[358]

Somit kann auch hier davon ausgegangen werden, dass durch das Schaffen und Kommunizieren einer entsprechenden Markenidentität, mit Bezug auf den Klimawandel, ein Wert für das Unternehmen geschaffen werden kann.

---

[354] Kotler Philip, Armstrong Gary, Saunders John, Wong Veronica (2007)
[355] Kotler Philip, Bliemel Friedhelm (2001), S. 741
[356] ebenda
[357] Burmann Christoph (2005)
[358] Pasquier Martial, Dreosso Corina, Rauch André (2004)

8. Kommunikation, Medien, Werbung

8.1. Kommunikation

Kommunikation ist eine langfristig angelegte Begleitung des Konsumenten, mit der Absicht sein Kaufverhalten zu beeinflussen. Es ist „das Senden von verschlüsselten Informationen, um beim Empfänger eine Wirkung zu erzielen."[359]

Der Kommunikatiosprozess lässt sich in folgendem Schema darstellen (Abbildung 21):

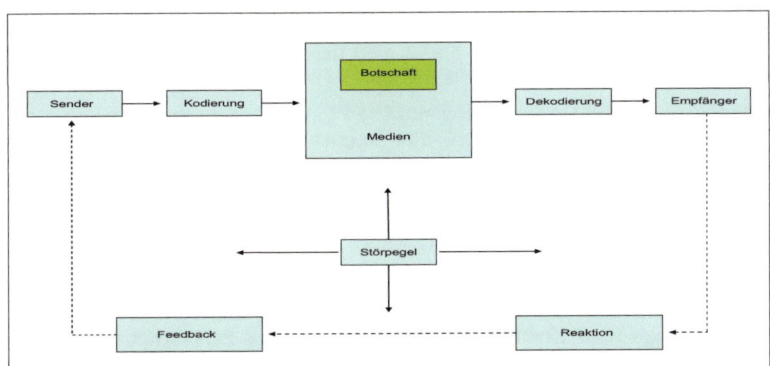

Abb. 21: Der Ablauf von Kommunikationsvorgängen
(Quelle in Anlehnung an Kotler et al. 2007)

Kommunikation ist der Austausch von Information und beruht auf Interaktionen von Sender und Empfänger. Sie sind Hauptteilnehmer dieses Prozesses. Der Sender ist derjenige, der eine Botschaft versenden möchte.

Dazu wird diese verschlüsselt durch Bilder, Worte, Musik usw. Die Botschaft selbst ist die Kombination aus Bildern, Worten, Symbolen usw., die publik gemacht werden. Die Medien stellen hierbei die Kommunikationswege vom Sender zum Empfänger dar. Bei der Entschlüsselung der Botschaft ordnet der Empfänger den Elementen der Botschaft, die er wahrnimmt, bestimmte Bedeutungen und Interpretationen zu.

Der Empfänger der Botschaft ist das Individuum oder die Gruppe, an die die Botschaft gerichtet ist. Die Reaktion ist die Wirkung, die die Botschaft auf den Empfänger hat. Das Feedback ist dann der Teil der Wirkung, die an den Sender zurück vermittelt wird. Zwischen diesem Prozess gibt es verschiedene Störpegel, die nicht eingeplant waren und dazu führen, dass der Empfänger eine andere Botschaft aufnimmt, als der Sender absetzen wollte.[360]

Nach der Lasswell-Fromel (1967)[361] umfasst der Kommunikationsprozess die folgenden Komponenten:

> Wer (Unternehmen)

> sagt was (Kommunikationsbotschaft)

> unter welchen Bedingungen (Umwelt-, Wettbewerbssituation)

> über welche Kanäle (Kommunikationsinstrumente)

> auf welche Art und Weise (Gestaltung der Kommunikationsbotschaft)

---

[359] Meffert Heribert, Burmann Christoph, Kirchgeorg Manfred (2008), S. 632
[360] Kotler Philip, Armstrong Gary, Saunders John, Wong Veronica (2007), S. 850 f
[361] Zitiert ebenda

> zu wem (Zielgruppen)

> mit welcher Wirkung (Kommunikationserfolg).

Die mit der Kommunikation verfolgten Ziele (psychografische Ziele) orientieren sich an folgenden Punkten:

> Bekanntheit: das Produkt soll bekannt werden und der Konsument soll sich „ein Bild davon machen können".

> Einstellung: durch die Verbindung von Emotion und kognitivem Wissen ergeben sich Einstellungen beim Konsumenten. Einstellungen und das daraus gebildete Image haben Auswirkung auf Kaufabsicht, Loyalität und auch Weiterempfehlung.

Differenzierung: um sich im Wettbewerb von den anderen Anbietern abzugrenzen, ist es nötig, dass sich der Konsument ein klares Bild über die wahrgenommenen Unterschiede machen kann und Präferenzen entwickeln kann.

> Kaufabsicht: durch das Gewinnen der positiven Einstellung zu dem Produkt entsteht eine Handlungstendenz. Dies ist die Absicht, das Produkt zu kaufen. Hier wird der enge Zusammenhang zu den ökonomischen Zielen des Unternehmens deutlich.

> Wiederkaufabsicht: der Aufbau der Loyalität ist für das Wiederholen von Kaufhandlungen wesentlich. Daher sollte der Konsument durch Kommunikationsmaßnahmen in seiner Entscheidung bestätigt werden.

Die Botschaften sind auf die Zielgruppe abzustimmen an die sie gerichtet sind und sollten als integrierte Kommunikation ein stimmiges und konsistentes Bild vom Kommunikationsobjekt vermitteln. Die eingesetzte Kommunikatiosstrategie wird von den vorher definierten Kommunikationszielen abgeleitet, in denen die Gestaltung der Kommunikationsbotschaft und der Einsatz der Kommunikationsinstrumente festgelegt ist. Die erwünschte Kommunikationswirkung beim Empfänger wird von verschiedenen Determinanten beeinflusst. Dies sind die

> Merkmale des Senders (Glaubwürdigkeit),

> Merkmale des Empfängers (Einstellungen),

> Merkmale der Kommunikationssituation (geografische und soziale Distanzen im Kommunikationsfeld).[362]

Der Erfolg einer Kommunikation wird wesentlich von der Glaubwürdigkeit des Kommunikators (Senders) und dessen Image beeinflusst. Dieses kann durch die Gestaltung der Botschaft und der gewählten Medien beeinflusst werden. Mit zunehmender Glaubwürdigkeit des Kommunikators steigt auch die Wahrscheinlichkeit, dass die Kommunikation wirkungsvoll ist.

Auf Empfängerseite ist Voraussetzung, seine individuelle Fähigkeit die Botschaft aufzunehmen und zu verarbeiten. Dazu verfügt jedes Individuum über persönliche physische Fähigkeiten und psychische Dispositionen (z. B. Erfahrungen, Erwartungen, Einstellungen). Je größer die Übereinstimmung der dargebotenen Informationen mit den Einstellungen beim Empfänger ist, desto höher ist die Wahrscheinlichkeit der Übernahme der Botschaft. Jeder Empfänger selektiert die Botschaften, die er erhält.

Die Kommunikationsträgerqualität hat ebenso Einfluss auf den Wirkungserfolg. Ist ein Medium geeignet die Botschaft zu transportieren? Hier sind die Unterschiede der diversen Medien (Print, TV, unterschiedliche Sendeanstalten, usw.) und deren Image zu sehen. Hier muss das Medium zum Empfänger passen, seinen Medienpräferenzen und der Glaubwürdigkeit, über die das Medium verfügt. Die Kommunikationsmittelqualität beschreibt die formalen und inhaltlichen Kriterien der Botschaft und ihre Gestaltung. Für den Sender (werbendes Unternehmen) ist es wichtig, dass die Botschaft einen professionellen Eindruck vermittelt. Die Begleitumstände der Informationsaufnahme kennzeichnen die Situationsqualität, in der die Botschaft empfangen wird.

---

[362] Kroeber-Riel Werner, Weinberg Peter, Gröppel-Klein Andrea (2009)

Durch Kommunikation sollen gesellschaftliche Normen und Werte beeinflusst werden. Die Maßnahmen orientieren sich an den Zielgruppen, die angesprochen werden sollen und spiegeln somit deren Prioritäten wider. Gesellschaftliche Vermögenswerte können durch Kooperationen mit Museen und kulturellen Einrichtungen geschaffen werden oder durch die Unterstützung sozialer Belange. Des Weiteren zählen dazu auch Bereiche der Unterhaltung mit Events und Veranstaltungen.[363]

Aus den Bereichen des Marketing-Mix (Kommunikation, Produkt, Preis, Distribution) wird lt. einer Delphi-Studie langfristig die Kommunikation am stärksten an Bedeutung gewinnen.[364] Danach wird Kommunikation zum dominanten Profilierungsinstrument, um die eigenen Leistungen von denen der Wettbewerber abzuheben. Es wird eine zunehmend emotionale Produktdifferenzierung erfolgen.[365]

Diese Prognose ist ein wichtiger Hinweis für eine Kommunikationsstrategie im Zusammenhang mit dem Klimawandel, um deutlich die Emotionen von Konsumenten anzusprechen.

8.2. Medienumwelt

Die Wirkung von Medien verändert die Wahrnehmung mehr oder weniger stark und bestimmt maßgebend, welche Umwelteindrücke entstehen und wie diese auf den Menschen wirken.[366] Die weitere physische und soziale Umwelt wird den Konsumenten überwiegend durch die Massenmedien erschlossen. Die Wahrnehmung der Umwelt hängt somit davon ab, wie sie in den Medien präsentiert und dargestellt wird (z. B. politische Themen, Naturkatastrophen). Die gespeicherten Umwelteindrücke werden nur mehr oder weniger durch direkte Erfahrungen, die das Individuum macht, geprägt. Beim erwachsenen Menschen können drei Gedächtnisbereiche unterschieden werden:

> durch Erfahrung erworbenes Wissen über die reale Umwelt,

> durch Medien vermitteltes Wissen über die reale Umwelt,

> Wissen über irreale Umwelten.[367]

Medieneindrücke können sehr „real" sein und die dadurch vermittelte Umwelt kann auch wie eine persönliche Erfahrung wahrgenommen werden. Oft fehlen auch die Möglichkeiten einer direkten Erfahrung der Umwelt, da die vermittelte Umwelt zu weit entfernt ist. Die Medien bestimmen damit den Erfahrungs- und Wahrnehmungshorizont des Individuums. Durch Fortschritte der Technik und ihrer Umweltsimulationen wird es zu einer weiteren Auflösung der Grenzen zwischen realer und medialer Erfahrung kommen.

Das Fernsehen ist zu einem Leitmedium geworden und prägt Verhaltensmuster. Die Bilderwelten bieten wirksame Möglichkeiten für die Schaffung und das Erleben irrealer Erlebniswelten mit starken Emotionen, Träumen und Sehnsüchten.

Einstellungen und Verhalten werden somit nicht nur von den eigenen Erfahrungen bestimmt, sondern werden auch von der Medienumwelt geprägt. „Die Medienumwelt wird dominant. Dadurch entstehen neue Lebenswelten, die das Individuum und seine Umwelt prägen."[368]

Grundsätzlich ist die Wirkung von Medien vor dem Hintergrund der Aufnahmebereitschaft durch den Konsumenten zu sehen. Wie nimmt er die Angebote, Informationen und Bilder der Medien auf und verarbeitet sie.

Die Wirkungsarten von Medien können unterteilt werden in:

> Informationswirkungen: Vermittlung von Wissen,

---

[363] Meffert Heribert, Burmann Christoph, Kirchgeorg Manfred (2008), S. 718 ff
[364] Pasquier Martial, Dreosso Corina, Rauch André (2004)
[365] ebenda
[366] Kroeber-Riel Werner, Weinberg Peter, Gröppel-Klein Andrea (2009), S. 457 ff
[367] ebenda
[368] ebenda

> Beeinflussungswirkungen: Verstärkung von Meinungen,

> Überzeugungswirkungen: Veränderung von Einstellungen.[369]

Bei den Informationswirkungen der Medien haben Print-Medien eine größere Wirkung als Fernsehen und auch die neuen Formen des Internet mit seinen Möglichkeiten. Dies ist einerseits durch Sozialisation bedingt und auch durch die Tatsache, dass Bilderwelten, wie sie im Fernsehen vermittelt werden, bei emotionalen Ereignissen und Aktionen besser geeignet sind. Dadurch wird sachliche Information beeinträchtigt.

Exkurs: Als gesellschaftskritischer Punkt wäre an dieser Stelle anzuführen, dass Bevölkerungsschichten mit einem geringeren sozialen Status, einen geringeren Wissenszuwachs beziehen, als Schichten mit höherem sozialem Status (Verweis Zielgruppe LOHAS). Zukünftig könnten sich hier weitere Defizite ergeben, da nicht alle Konsumenten in der Lage sind digitale Medien zu nutzen oder sich diese leisten zu können.

Beeinflussungswirkung wird vor allem dadurch erzielt, dass sich der Rezipient den Medien und der Kommunikation aussetzt, die seine eigene Meinung bestärkt und nicht im Widerspruch dazu steht. Die selektive Wahrnehmung ist schon mehrfach angesprochen worden und dass dadurch aufgenommene Informationen nach den eigenen Prädispositionen interpretiert und weiter verarbeitet werden.

Beeinflussung von Meinungen kann aber dennoch geschehen, wenn der Empfänger für die Kommunikation offen ist und neue Meinungen bildet, oder er auf der Suche nach neuen Informationen ist. Des Weiteren ist das Vertrauen in die Glaubwürdigkeit der Medien und ihre Informationen eine Bedingung für Kommunikationswirkung. Die Auswahl der Medieninhalte und ihre selektive Darstellung durch die Medien selbst und ihre eigenen Interessen, war oben schon ausführliche thematisiert worden. Medien haben eine Thematisierungswirkung und Journalisten haben eine „Gate-keeper-Funktion der öffentlichen Meinung. Das Thema des Agenda-Settings wurde ebenso bereits oben angesprochen.

In diesem Zusammenhang sei noch einmal das Phänomen des **„Primings"** (Bahnung) erwähnt (siehe auch oben bei Aktiviertheit). Vorstellung ist, dass Gedächtnisinhalte in Form von Netzwerken organisiert sind. Werden durch Informationen bestimmte Knoten aktiviert, setzt sich die Aktivierung im Netzwerk fort und weitere „verlinkte" Knoten werden ebenfalls aktiviert. Durch das Priming (einem Probanden wird vor einer Zuordnungsaufgabe ein damit in Zusammenhang stehendes Bild gezeigt) werden auf das Individuum einströmende Reize schneller erkannt, es verringert sich die Reaktionszeit. Durch Priming verbessert sich die Fähigkeit Stimuli zu erkennen und zu identifizieren, da diese aus früheren Erfahrungen bereits bekannt sind.[370] Somit haben Medien auch eine Priming-Funktion beim Thema Klimawandel. Dieses Thema ist schon stark „gebahnt" und hätte somit bei Kommunikationsmaßnahmen einen starken Aufmerksamkeitseffekt.

Überzeugungswirkungen sind Einflüsse auf die Einstellungen des Publikums, die durch Informationsvermittlung und emotionale Einwirkungen zustande kommen. Diese führen zu einer Verstärkung bestehender Einstellungen oder zu Veränderung von Einstellungen. In diesem Bereich sind die Wirkungen von Werbung zu sehen. Durch Darstellung von Emotionen mit Verbindung von Überzeugungstechniken lassen sich Einstellungswirkungen erzielen.

---

[369] ebenda
[370] ebenda, S. 173, 251 f

8.3. Werbung

Werbung wird als versuchte Einstellungs- und Verhaltensbeeinflussung mittels besonderer Kommunikationsmittel definiert.[371] Die Einstellungs- und Verhaltensänderung soll sich im Sinne der Unternehmensziele vollziehen und wird in Massenkommunikationsmitteln geschaltet. Es soll damit eine Beeinflussung des Absatzes erreicht werden.[372] Werbung hat aber auch für den Konsumenten eine Funktion. Sie ist

> Zeitvertreib und Unterhaltung,

> vermittelt emotionale Konsumerlebnisse,

> liefert Informationen für Konsumentscheidungen,

> gibt Normen und Modelle für das Konsumentenverhalten vor.[373]

Werbung ist für Unternehmen ein absatzpolitisches Instrument und zählt zu den kommunikationspolitischen Mitteln. Hierbei sind ökonomische Ziele und Kommunikationsziele zu unterscheiden, die entsprechend operationalisiert werden müssen.

Oft wird dabei aus situativen Zwängen und kurzfristigen Umsatz-Erwartungen heraus das ökonomische, das Verkaufsziel überbetont. Die langfristige Wirkung von Werbung zur Imageverstärkung wird nachrangig gesehen. Dabei ist dieses, wie wir oben gesehen haben, durchaus ein sehr ernst zu nehmendes Unternehmensziel. Man kann die Investition in **Image-Werbung** als mittelfristiges Ziel, als ein „Vorprägen"[374] sehen. Auch dieses dient dem Verkauf, aber erst mit mittelfristiger Wirkung, da dieses Wissen im Gedächtnis erst abgelegt wird. Dabei ist das gebildete Wissen um eine Marke oder ein Produkt ein wichtiger Vorgang, um in einer späteren Kaufsituation eine schnellere und sicherere Wahl treffen zu können. Die Vorprägungen sind Grundlage für den Pull-Effekt im Markt.

Werbung muss, um den Markterfolg einer Marke durch die Kommunikation vorzubereiten, folgende **drei Ziele** verfolgen: Sie muss dafür sorgen, dass die Marke von Konsumenten wahrgenommen wird, akzeptiert wird und vorgezogen wird. Dies setzt voraus, dass die Werbung auffällig ist, einen positiven Eindruck von der Marke vermittelt und die Marke gegenüber anderen Marken positioniert.

Nach dem Modell von Kroeber-Riel werden durch Werbewirkungskomponenten (Abbildung 22) die Antriebskräfte des Konsumenten aktiviert und bewirken eine gedankliche Steuerung. Die Wirkungspfade setzen beim Kontakt mit der Werbung an. Folgende Komponenten werden unterschieden:

> Emotionale Prozesse: diese stellen die Wirkung der Werbung auf Emotion und Motivation des Empfängers dar.

> Kognitive Prozesse: dies ist die Aufnahme, Verarbeitung und Speicherung der dargebotenen Informationen. Emotionen und Motivationen werden in rationale Bahnen gelenkt.

> Einstellung, Kaufabsicht: diese Vor-Entscheidungen entstehen durch das Zusammenwirken von emotionalen und kognitiven Prozessen und sind wesentlich mit verantwortlich ob ein Produkt gekauft wird.[375]

Die Aufmerksamkeit steuert die aktive Aufnahme und Wahrnehmung der Werbung und ist Ausdruck für die Aktiviertheit des Konsumenten. Die Aufmerksamkeit ist stark abhängig vom Involvement (High- oder Low-Involvement) des Konsumenten.

---

[371] ebenda
[372] Meffert Heribert, Burmann Christoph, Kirchgeorg Manfred (2008)
[373] Kroeber-Riel Werner, Weinberg Peter, Gröppel-Klein Andrea (2009), S. 631 ff
[374] Lachmann Ulrich (2002)
[375] Kroeber-Riel Werner, Weinberg Peter, Gröppel-Klein Andrea (2009)

Klimawandel + Marketing

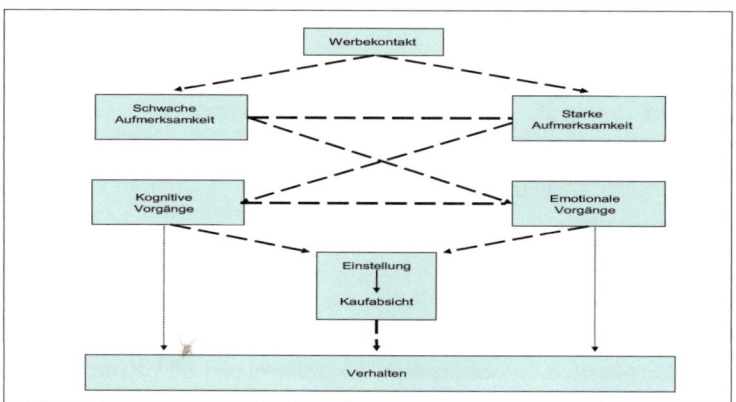

Abb. 22: Wirkungskomponenten der Werbung
(Quelle in Anlehnung an Kroeber-Riel et al., 2009)

Die Wirkungsdeterminanten für die Werbung sind somit

> die Art der Werbung: ob emotional, informativ oder eine Mischung aus beidem,

> das Involvement der Konsumenten: ob hohes Involvement oder schwaches Involvement.

Durch die **Informationsüberflutung** wird es immer schwieriger eine Marke in die Wahrnehmung des Konsumenten zu rücken. Sie muss in der Informationsflut sichtbar werden. Sie muss Aktualitätswirkung entfalten und dafür sorgen, dass sie im Gespräch bleibt und bei Entscheidungen gedanklich präsent ist. Dabei sind Bilder mit starker Aktivierungskraft einzusetzen, um sich die nötige Wahrnehmung zu sichern.[376]

Die Kommunikation von Unternehmen schafft die Grundlage für marktwirtschaftliches Handeln. Es wird die Bekanntheit für Produkte und Dienstleistungen geschaffen. Beim Empfänger der Botschaft/Konsumenten kann sich ein Image entwickeln. Durch die Kommunikation und ihre Instrumente wird versucht, ein möglichst positives Markenimage zu schaffen. Kaufverhaltensrelevante Einstellungen sollen erreicht werden und der Konsument soll zu Wiederholungskäufen bewegt werden. Somit hat die Kommunikationspolitik einen hohen Wert bei der Kundenbindung.

Zum Abschluss des Abschnitts Kommunikation lässt sich auch hier wieder festhalten, dass das Thema Klimawandel sehr gute Möglichkeiten bietet um Marken und Produkte die benötigte Aktualität zu verschaffen. Man kann sich gezielt als „Innovations-Macher" positionieren. Ganz genau so eignen sich Emotionen bei dieser Thematik, um die nötige Aufmerksamkeit zu erreichen, was bei Low-Involvement vom Konsumenten wichtige Voraussetzung für Aufmerksamkeit ist.

8.4. Online-Kommunikation

Die Online-Kommunikation erfolgt mit dem Konsumenten in der Regel über das Internet. Diese Kommunikationsform hat sich als fester Bestandteil im Kommunikations-Miix entwickelt und ist zu einem alltäglichen Medium geworden.

Besonderes Merkmal ist die unmittelbare und direkte Feedback-Möglichkeit des Botschaftsempfängers und die sich daraus ergebende Interaktionsdichte.[377] Die Hypermedialität des

---

[376] Kroeber-Riel Werner, Weinberg Peter, Gröppel-Klein Andrea (2009)
[377] Meffert Heribert, Burmann Christoph, Kirchgeorg Manfred (2008), S. 662 ff

Internets ist die Fähigkeit verschiedene Mediengattungen (Text, Ton, Bild, Film) mit einander zu verbinden. Diese können parallel genutzt werden und sind durch anklicken auf der geladenen Website zu aktivieren und erlauben somit verschiedene Verwendungszwecke der Online-Kommunikation.

Das **Internet** ist eine grundsätzlich offene Kommunikationsform, mit der, bei vorhanden sein der benötigten Technik, jedes Individuum weltweit mit jeder Person oder Unternehmen kommunizieren kann.

Für die Repräsentanz des Unternehmens im Internet ist seine Homepage der zentrale Punkt der Kommunikation. Hierüber kann der Interessent/Konsument Kontakt mit dem Unternehmen aufnehmen und sich ein Bild davon machen. Das Unternehmen hat hier die Möglichkeit alle relevanten Informationen zur Verfügung zu stellen und sich beim Konsumenten zu präsentieren. Eine übersichtliche und professionelle Gestaltung, verbunden mit hoher Bedienerfreundlichkeit, verlängert die Verweildauer auf der Seite, führt zu höherer Zufriedenheit und positiver Einstellung beim Konsumenten gegenüber dieser Seite.

Die Kommunikation per E-Mail ist der am weitesten verbreitete Weg für den Versand und Austausch von Nachrichten. Hierüber ergeben sich für Unternehmen weitere Möglichkeiten des Versands von Informationen an Konsumenten und es ist ein dauerhafter Kundenkontakt z. B. durch den elektronischen Versand von Newslettern möglich.

Die Gestaltung von Internet-Bannern ist eine Form der Onlinewerbung, die mit einem Hyperlink zur Homepage des Unternehmens verlinkt sind. Sie sind eine Art „Anzeigen-Werbung" in digitaler Form und stellen einen Kommunikations-Push dar.[378]

Das Internet stellt für viele Unternehmen ein elementares Feld der Unternehmenstätigkeit dar, das wesentlich zum Unternehmenserfolg beiträgt bzw. den Markt des Unternehmens darstellt. So betrugen die deutschen Online-Shopping-Umsätze des Versandhandels in 2008, 19,3 Milliarden Euro.[379]

Eine spezielle Form der Kommunikation im Internet ist das **Web 2.0**. Es symbolisiert die Weiterentwicklung der einseitigen Online-Kommunikation, bei der der Konsument sich nur die zur Verfügung gestellten Informationen von der Homepage „saugen" konnte, zu einer Integration des Nutzers in die Internetaktivitäten des Unternehmens. Der Nutzer selbst kann nun Kommunikationsinhalte im Internet generieren. Der Begriff markiert den Übergang von Anwendungen, die das world wide web (www) als reine Informationsquelle nutzen zu Ausführungsformen des www, die durch ihre Netzeffekte mit anderen Nutzern einen Mehrwert bieten.[380] Dies vollzieht sich über Online-Foren, in denen soziale Netzwerke gebildet werden können, über Informationsbeschaffungsseiten, die permanent aktualisiert werden können oder Weblogs, zum direkten Austausch mit interessierten Konsumenten und Zielgruppen. Weblogs bieten die Möglichkeit, dass einzelne Personen ihre Meinung auf einer zur Verfügung gestellten Internetplattform äußern und Leser dieser Mitteilung die Möglichkeit haben, darauf wiederum mit einer Antwort zu reagieren. Diese können privater Natur sein oder sich mit gesellschaftliche oder unternehmerische Themen befassen. Dies kann von Unternehmen auch positiv genutzt werden und so zu einer Integration von Nachfragern in unternehmerische Prozesse führen.[381]

Die Intensität der Kommunikation über **Webblogs** steigt. Auch Erfahrungen mit Produkten und Dienstleistungen werden von Konsumenten thematisiert und veröffentlicht. Diese können sich sehr schnell verbreiten und eine große Leserschaft erreichen. Hier können negative Erfahrungen und Beschwerden schnell zu negativen Kommunikationsprozessen für Unternehmen führen, die negative ökonomische Auswirkungen haben können. Daher sollen Weblogs über ein Monitoring von Unternehmen beobachtet werden, um rasch reagieren zu

---

[378] ebenda
[379] Bvh (2008) Pressemitteilung vom 08.07.2008; http://www.versandhandel.org/uploads/media/2008-07-08__bvh-Jahres-PK_PM.pdf, Abruf 13.03.09, 15.30 Uhr
[380] Schiele Gregor, Hähner Jörg, Becker Christian (2008)
[381] Meffert Heribert, Burmann Christoph, Kirchgeorg Manfred (2008)

können und Eskalationen zu verhindern. Sinnvoll ist hier die Einrichtung eines Customer Care Bereichs um Kunden/Konsumenten die Möglichkeit der Artikulation zu geben, die ja auch positive und anregende Elemente enthalten kann.[382] So übernimmt die Firma Frosta Anregungen der Teilnehmer ihres Unternehmensblogs für Marketingaktivitäten.[383] Der Customer Care Bereich bietet bei negativen Artikulationen von Kunden die Möglichkeit einer angemessenen Reaktion.

Speziell vor der Aktualität des Themas Klimawandel ist dies eine Kommunikationsform, die sich stark etabliert hat und zum Austausch von Meinungen, Nachrichten und Informationen von interessierten und involvierten Personen führt. Auch diese Kommunikationsform ist eine exzellente Möglichkeit um mit diesem Thema positiv und aktivierend umzugehen und sich entsprechend zu positionieren. Speziell vor dem Hintergrund einer modernen und allgemein Technik affinen Konsumenten- bzw. Zielgruppe (LOHAS). Voraussetzung ist aber, dass man hier glaubhaft einen Beitrag zur Reduzierung des Klimawandels leisten kann, da man in diesem Medium extrem schnell negative Reaktionen bzw. Auswirkungen erfährt. Speziell ökologisch interessierte Personen nutzen die Vernetztheit des Mediums um sich auszutauschen oder zu organisieren. Die Möglichkeiten des Internets werden mit als Voraussetzung angesehen, dass das Thema Ökologie eine so hohe Aktualität, mit Auswirkung auf Entwicklung von Märkten erreichen konnte.[384]

8.5. Public-Relation

Public Relation (PR) ist ein klassisches Mittel der Unternehmenskommunikation, um Vertrauen bei den verschiedenen Anspruchsgruppen des Unternehmens aufzubauen. Gerade vor dem Hintergrund gesellschaftlicher Verantwortung und gestiegenem ökologischen Bewusstseins, hat die aktive Gestaltung der Kommunikation zwischen Unternehmen und gesellschaftlicher Umwelt hohe Bedeutung. „Rede über das, was du tust" signalisiert den Wandel des PR-Leitmotivs „Tue Gutes und rede darüber" zu einer aktiven Kommunikations- und Informationspolitik.[385]

Glaubwürdigkeit ist gerade vor dem Hintergrund des Klimawandels ein hohes Gut. Es ist hier nötig, Stellung zu beziehen. Hier kann verantwortliches Handeln als USP eingesetzt werden und öffentlich kommuniziert werden. PR soll Werbung für das Unternehmen sein und soll die Beziehungsqualität zur Marke unterstützen.

Public-Relation hat folgende Funktionen:

> Informationsfunktion zur Vermittlung von Informationen nach innen und außen,

> Kontaktfunktion zum Aufbau und zur Erhaltung von guten Verbindungen zu allen Stakeholdern,

> Imagefunktion für den Aufbau des Unternehmensimages,

> Absatzförderungsfunktion aufgrund der Auswirkungen von Vertrauen und eines positiven Images auf den Verkauf,

> Sozialfunktion zur Aufzeigung gesellschaftlichen Engagements und sozialer Leistungen,

> Stabilisierungsfunktion und Erhöhung der Krisenfestigkeit des Unternehmens.

Die Schaffung von Vertrauen ist bei eventuellen Krisenfällen besonders wichtig. Die Verlässlichkeit des Unternehmens und der Marke soll dringend wieder hergestellt werden. Dazu ist ein offener Umgang mit der Situation nötig. Man muss Sympathie wieder gewinnen und daher sollte die aktive Kommunikation mit der Öffentlichkeit gesucht werden.[386]

---

[382] Stauss Bernd (2008)
[383] Schleidt Daniel (2008)
[384] Stauss Reto (2008)
[385] Meffert Heribert, Burmann Christoph, Kirchgeorg Manfred (2008)
[386] Weißgerber Anja (2007), S. 178

Grundsätzlich besteht das Ziel einen umfassend positiven Eindruck des Unternehmens in der Öffentlichkeit zu verankern. Der öffentlichen Berichterstattung wird auch höhere Glaubwürdigkeit eingeräumt, als der Werbung.[387] PR-Maßnahmen benötigen dennoch einer gezielten Planung und müssen mit Fingerspitzengefühl umgesetzt werden, sie sollen ja das Image von Marken und Produkten mit fördern und unterstützen.[388]

PR-Maßnahmen können, wenn es sinnvoll ist, zusammen mit der Werbung abgestimmt und durchgeführt werden und würden sich so in ihrer **Wirkung** unterstützen („Agenda-Setting" siehe oben). PR kann dann einen gezielten Beitrag zu folgenden Aufgaben leisten:

> das Unternehmensimage so aufbauen, dass dieses positiv auf die Produkte des Unternehmens abstrahlt,

> bestimmte Zielgruppen beeinflussen,

> die Einführung neuer Produkte unterstützen,

> Produkte verteidigen, die auf Kritik gestoßen sind,

> die Re-Positionierung eines reifen Produkts unterstützen.[389]

Da PR ein klassisches Kommunikationsmittel mit hoher Glaubwürdigkeit ist, ist sie natürlich besonders geeignet das Thema Klimawandel mit entsprechenden Unternehmensneuheiten und Innovationen, die damit im Zusammenhang stehen, zu transportieren. Hier sollte man darauf bedacht sein, dass die Neuigkeiten einen entsprechenden Informationsgehalt, auch emotional, haben und für die Medien (die ihre eigene Interessenslage haben, siehe oben) und auch deren Publikum interessant sind. „The story must be significant for the reporter as well as the reader."[390]

---

[387] Kotler Philip, Armstrong Gary, Saunders John, Wong Veronica (2007), S. 930
[388] Kotler Philip, Bliemel Friedhelm (2001), S. 1002 ff
[389] ebenda
[390] Frause Bob, Colehour Julie (1994)

9. Marktsituationen, Wirtschaft, Chancen

9.1. Klimafreundlicher Konsum

Wie oben bereits ausgeführt verändert der Klimawandel die Märkte und bietet neue Chancen für innovative Produkte und Firmen, die sich der Situation stellen und diese meistern können. Wir wollen einen Blick auf die Marktsituation bei Konsumgütern und ihre Chancen werfen. Dies kann nicht allumfassend sein und nur einen Teil der Situation aufgreifen.

Lt. Untersuchung des Bundesministeriums für Umwelt, Naturschutz und Reaktorsicherheit steht für die meisten Menschen fest, dass der Mensch erheblich zum Klimawandel beiträgt (über 80 Prozent der Befragten).[391] Auch sieht ein großer Teil der Bevölkerung durch den Klimawandel Gefahren und hohe Kosten auf Deutschland zukommen. Wissenschaft und Technik könnten einen erheblichen Beitrag zur Eindämmung des Klimawandels leisten. Es wird die Ansicht vertreten, dass die Industrie jedoch nicht genügend gegen den Klimawandel unternimmt, man sieht aber sich selbst auch in der Pflicht (56 Prozent) noch mehr zur Verringerung des Klimawandels beitragen zu müssen.

Der Umstieg auf erneuerbare Energien und die Erforschung und Entwicklung energieeffizienter Technologien und Produkte finden hohe Zustimmung. Politischer Druck auf die Wirtschaft zur Erzeugung Klima schonender Technik wird befürwortet. Sehr hohe Zustimmung findet die Aussage, dass die Gewohnheiten des Alltags geändert werden müssen.

Als Maßnahmen gegen den Klimawandel werden das Verbot klimaschädlicher Produkte (39 Prozent), die verstärkte Nutzung erneuerbarer Energien (33 Prozent) und die Kennzeichnung von Produkten bezüglich ihrer Klimaverträglichkeit (25 Prozent), genannt.

Der CO_2-Ausstoß der privaten Haushalte beträgt 19% am Gesamtausstoß. Diese hätten ein Einsparpotenzial von 58 Prozent dieses Anteils, bis zum Jahr 2020. Der CO_2-Ausstoß und das angenommene Einsparpotenzial der verschiedenen Bereiche wird in Abbildung 23 dargestellt.

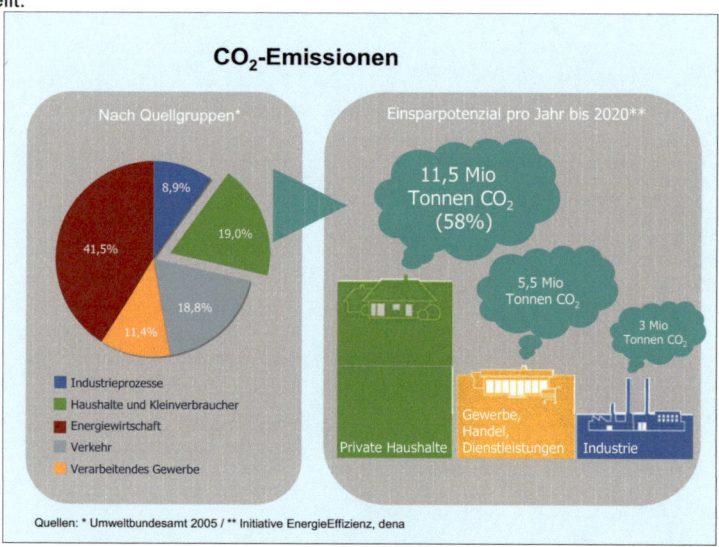

Abb. 23: CO2-Emissionen und Einsparpotenzial
(Quelle: in Anlehnung an Stoeckle, 2008)

---

[391] Studie „Umweltbewusstsein in Deutschland 2008"

Als Strategien gegen den Klimawandel (Vermeidung und Anpassung) und Ansatz einer entsprechenden Verringerung des CO2-Ausstoßes wird einerseits die Umstellung in der Energieerzeugung auf erneuerbare Energien gesehen und in der Steigerung der **Energieeffizienz** von Produkten, d. h. Energie sparen, durch innovative, modernste Technologie. Die Wirkung durch Erhöhung der Energieeffizienz ist sehr viel kurzfristiger zu realisieren[392] als die Umstellung der Energieversorgung auf erneuerbare Energien. Dieser Ansatz hat somit hohe Bedeutung im Gesamtkontext „Klimawandel".

Neben den genannten Voraussetzungen steigen die **Preise für Energie** deutlich an. Der Konsument erfährt eine Verteuerung der Grundlagen seines privaten Wirtschaftens, was die Motivation zum Erwerb energiesparender Produkte, mit der Folge einer Reduzierung von CO2-Emissionen, noch weiter deutlich unterstützt.

Die mediale **Aufmerksamkeit** für das Thema Klimawandel und Energie ist hoch. Es ist bei der Bevölkerung angekommen und emotional besetzt. Der Konsument hat über die hohe Präsenz des Themas in den Medien ein „Priming" erfahren und somit ist die Aufmerksamkeit und Wahrnehmung des Themas ebenfalls hoch. Des Weiteren ist die Grundlage da, dass die Menschen etwas gegen den Klimawandel tun wollen.

Klimawandel ist **ökologische und ökonomische Herausforderung**. Jedoch, die Voraussetzungen sind nicht schlecht. Eine Untersuchung von Regier kommt zu folgenden Ergebnissen:

> 59 Prozent der Konsumenten möchten durch den bewussten Konsum von CO2-neutralen oder –reduzierten Produkten einen Beitrag zum Abbau von CO2 leisten.

> In den gehobenen Einkommensklassen wäre auch jeder zweite Verbraucher bereit für CO2-neutrale Produkte mehr zu bezahlen.

> 90 Prozent der Verbraucher, die bisher noch keine CO2-neutralen Produkte gekauft haben, würden in Zukunft gerne CO2-neutrale Produkte kaufen.[393]

Laut dem Zentralverband der Elektrotechnik- und Elektroindustrie (ZVEI) werden drei Wirtschaftsbereiche identifiziert, die das größte Einsparvolumen an Energie bieten. Diese sind die „industriellen Antriebe" im Bereich der Fabriken und Fertigungsstätten, der Bereich „Beleuchtung" (Straßen-, Büro- und private Beleuchtung) und die „Kühl- und Gefriergeräte" in privaten Haushalten. In diesen genannten Bereichen ließe sich bei Umstellung auf effiziente Technik, eine Energieeinsparung bis zu 40 Prozent, ohne Einschränkung der Leistung und des Komforts, erreichen.[394] Diese genannten Möglichkeiten wären ökonomisch sinnvoll, denn die Kosten der Investition finanzieren sich im Laufe der Dauer der Produktnutzung aus den erzielten Einsparungen.

Die deutschen Hausgerätehersteller sehen hier durchaus den Markt für ihre Produkte, auch weltweit, da es entsprechende Nachfrage gibt und die Qualität deutscher Produkte noch immer ein Markenzeichen ist, welches auch weltweit eine führende Rolle mit einnimmt.[395]

Da elektrische Hausgeräte (Produktkategorien Kühlschränke, Waschmaschinen und Herde) durch Verbesserung der Qualität, in der Regel eine lange Lebensdauer haben, liegt ihre durchschnittliche Nutzungsdauer bei fast 14 Jahren.[396] Diese für den Konsumenten positive Tatsache ist jedoch nachteilig für den Klimaschutz. Hocheffiziente, energiesparende Geräte haben daher nur eine langsame Marktdurchdringung. Die älteren Geräte sind natürlich noch längere Zeit im Einsatz und verbrauchen in der Zeit entsprechend mehr an Energie. In deutschen Haushalten wären 162 Millionen Haushaltsgroßgeräte im Einsatz und davon 65 Millionen Geräte über zehn Jahre alt. Ein Ersatz dieser Geräte durch moderne, hocheffizien-

---

[392] Gutberlet Kurt-Ludwig (2008)
[393] Regier Stefanie (2008)
[394] ZVEI (2006) Pressemitteilung vom 06.10.06,
   http://www.zvei.org/index.php?id=3710&tx_ZVEIpresse_pi1[showUid]=769&cHash=b779148b49, Abruf 14.03.09, 12.37 Uhr
[395] Gutberlet Kurt-Ludwig (2008)
[396] ebenda

te Geräte könnte Einsparungen in der Größenordnung des Jahresstromverbrauchs von 2,5 Millionen Haushalten bringen.[397]

Dies würde sich gesamtwirtschaftlich schon bald positiv auf die Energiebilanz auswirken, wäre jedoch mit einem höheren Anschaffungspreis für den Konsumenten verbunden. Hier kommt es zu einer Differenz von gesamtwirtschaftlichen Vorteilen und der individuellen Situation des einzelnen Konsumenten. Daher gibt es Forderungen nach einer staatlichen Unterstützung, um den Konsumenten bei der Anschaffung neuer Technologie zu unterstützen.

Nicht jeder Verbraucher ist gewillt, trotz einer positiven Bereitschaft gegen den Klimawandel etwas zu unternehmen, dafür **Mehrkosten** in Kauf zu nehmen, wobei das ältere Gerät ja vielleicht noch einen guten Dienst tut. Anschaffungskosten sind ein Thema, das natürlich jeden Konsumenten interessiert. Er ist ein „Nutzenmaximierer". Der Verbraucher sieht Produkte als Bündel von Nutzen stiftenden Eigenschaften an und wählt Produkte, die ihm die bestmögliche Nutzenkombination verschaffen.[398]

Daher werden auch Anschaffungen, die energieeffizienter wären und einen positiven Effekt beim Klimawandel hätten, verschoben, da man im Moment nicht bereit ist die Kosten zu tragen. Man wartet erst noch ab, da es zu einem späteren Zeitpunkt vielleicht auch noch eine bessere Technik gibt.

Ein Beispiel wäre hier das Auto, das ja durch seine CO2-Emissionen als wesentlich am anthropogenen Klimawandel beteiligt angesehen wird und in seiner Anschaffung erhebliche Kosten verursacht. Auch sind gesetzliche Regelungen noch unklar. Die gestiegenen Treibstoffpreise sind ein Thema, das hier zusätzlich und stark wirkt. Damit kann auf nahe liegende, mit dem Auto zusammenhängende Einsparpotenziale eingegangen werden, die ebenfalls zu einer besseren Energieeffizienz führen und Kosten des Verbrauchs reduzieren helfen. Als konkretes Beispiel sind hier die Anschaffung von Reifen genannt, deren Rollwiderstand positiven Einfluss auf den Kraftstoff-Verbrauch haben. Dies führt in der Gesamtrechnung zu einer konkreten Kostenreduzierung gegenüber dem höheren Anschaffungspreis der Reifen. Dieses Argument muss natürlich dem Konsumenten deutlich gemacht werden.[399]

Durch die gestiegenen Energiekosten würde sich ein deutlich besseres **Verhältnis von Kosten und Nutzen** bei allen Energie verbrauchenden Produkten ergeben und dies wäre ein **Verkaufsargument**, das über das Marketing und im Verkaufsgespräch kommuniziert werden muss. Ein Beispiel einer möglichen Umsetzung in der visuellen Kommunikation der Firma Bosch ist in Abbildung 24 zu sehen.

---

[397] ebenda
[398] Kotler Philip, Armstrong Gary, Saunders John, Wong Veronica (2007), S. 31
[399] Stoeckle Friedemann (2008)

Klimawandel + Marketing

Abb. 24: Kommunikationsmotiv Fa. Bosch
(Quelle in Anlehnung an Gutberlet Kurt-Ludwig, 2008)

Eine Möglichkeit zur raschen Einführung von energieeffizienter Technologie bei den Konsumenten, ist die Gewährung von **staatlicher Unterstützung** für einen befristeten Zeitraum und somit Schaffung eines zusätzlichen Anreizsystems für die Anschaffung von Produkten. Dieses sehen wir gerade bei der „Abwrackprämie" für alte Autos, wo die Gewährung der Prämie zu einer enormen Nachfrage nach neuen PKWs geführt hat.

Diese Anreize wären auch für die raschere Einführung von innovativer Haushaltstechnik möglich. Dies wurde in anderen Ländern bereits erfolgreich praktiziert (z. B. Italien), und hat dort zu einer erheblichen Verbesserung der Struktur bei den energieeffizienten Haushaltsgeräten geführt.

In der **Bildkommunikation** ist es sinnvoll, Schlüsselbilder (Key-visuals) aus der Thematik „Klimawandel" einzusetzen. Diese schaffen eine hohe Aufmerksamkeit und Wiedererkennung beim Konsumenten und erklären sofort schlüssig den Zusammenhang zwischen Produkt und Umweltsituation. Hier könnte durchaus stark mit emotionalen Bildern gearbeitet werden, um auch geringer involvierte Konsumenten zu aktivieren.

Ein Beispiel einer möglichen Umsetzung zeigt Abbildung 25 von der Firma Siemens (wobei in dem Beispiel auch noch das Preisargument kommuniziert wird).

Abb. 25: Kommunikationsmotiv Fa. Siemens
(Quelle in Anlehnung an Gutberlet Kurt-Ludwig, 2008)

Eine Orientierung für Konsumenten, um den Energieverbrauch von Geräten einordnen zu können, ist es, die Geräte mit einem **Label** zu versehen. Es gibt seit vielen Jahren das „EU-Energielabel", welches heute zwar nicht mehr zeitgemäß ist, da die Differenzierung nur bis Geräteklasse A reicht, es heutzutage aber bereits Geräte der Klasse A++ gibt und Geräte der niedrigen Klassen (bis G) nicht mehr hergestellt werden. Jedoch ist dies ein klares und unabhängiges Kennzeichen für den Konsumenten, um den Nutzen des Gerätes im Energiebereich einschätzen zu können und wird auch vom Handel als Unterstützung im Verkauf akzeptiert.

Für den CO_2-Ausstoß gibt es ein erstes gemeinsames Pilotprojet von zehn Unternehmen mit Umweltgruppen und Institutionen, um Standards für Qualität und Objektivität zur Kennzeichnung des **„Product Carbon-Footprint (PCF)"** von Produkten einzuführen.[400] Dieses soll den Konsumenten beim Kauf von Produkten über die bei der Herstellung entstandenen CO_2-Emissionen informieren. Der PCF soll ein Vergleichskriterium für Produkte darstellen und später bei den Kommunikationsmaßnahmen mit eingesetzt werden.

Die Hersteller haben auch die Attraktivität der Zielgruppe **LOHAS** erkannt. Besonders deren höhere Preisbereitschaft ist interessant. Auch wird kein Konsumverzicht gepredigt und es herrscht Ideologie-Freiheit in deren Werten. Ihre Affinität zu moderner Technik macht sie aufgeschlossen für neue, innovative Produkte und eröffnet Potentiale für Unternehmen, die klimafreundlichen Produkte erfolgreich absetzen zu können. „Öko" wird zur Avantgarde. Dennoch muss die Zielgruppe eines Unternehmens auch weiterhin genauer analysiert werden, da Kunde nicht gleich Kunde ist. Generell ist die Bereitschaft vorhanden, für klimaneutrale Produkte höhere Preise zu bezahlen. Bei Mode und Lifestyle-Artikeln sowie Drogerie- und Pflegeprodukte sind doppelt so viele Frauen bereit einen Aufpreis zu bezahlen, als Männer.[401]

Die **Positionierung** des Unternehmens, als ein Unternehmen, das den Klimawandel ernst nimmt und Engagement zeigt, ist Voraussetzung für Glaubwürdigkeit. Die von den Konsumenten als glaubwürdig eingestuften Unternehmen kommunizieren ihr Engagement im Bezug gegen die Auswirkungen des Klimawandels. Die vorderen Plätze in der Bewertung von Glaubwürdigkeit werden alle von Unternehmen und Marken belegt, die eine CO2-Kampagne kommunizieren. Die Marke Krombacher verfügt hier über den höchsten Wert und kann in der preiskritischen Branche „Essen & Trinken" eine wesentlich höhere Preisbereitschaft verbu-

---

[400] http://www.pcf-projekt.de/main/corporate-partners/overview/, Abruf 14.03.09, 18.30 Uhr
[401] Regier Stefanie (2008)

chen. In der Untersuchung von Regier sind 45 Prozent der Befragten bereit, für Krombacher zugunsten des CO2-Abbaus einen höheren Preis zu bezahlen. [402]

Auch der Blick auf die wirtschaftliche Realität zeigt klare Vorteile bei Engagement und gezielter Kommunikation im Zusammenhang mit klimafreundlichem Verhalten und Wirtschaften. Mehrere Faktoren spielen in dieser komplexen Situation zusammen, können diese problematisieren, oder aber bei geschickter Nutzung positiv verstärkend wirken. Diese sich positiv gegenseitig unterstützenden Faktoren und die daraus resultierende Situation wird von Bachl als „Triple-Win Chance" bezeichnet: bestehend aus Verbraucher (der Boden ist bereitet), Handel/Industrie (Chancen nutzen) und Politik (Anreize schaffen). [403]

9.2. Grenzen klimafreundlichen (nachhaltigen) Konsums

Die folgenden Aussagen beziehen sich nicht ausschließlich auf die Situation des Klimawandels, sondern auch auf ein nachhaltiges Konsumieren. Durch die Nähe der beiden Begriffe und da klimafreundliches Konsumieren auch mit nachhaltigem Konsumieren zu tun hat, soll diese Situation hier doch angesprochen werden.

Gut leben statt viel zu haben, Zeitwohlstand, Gesundheit und Wellness, ökologisch und sozial verantwortlicher Konsum sind Aspekte eines neuen Verständnisses von Wohlstand und Luxus, die kultiviert werden können.[404] Dies ist aber auch mit Statusdenken und dem Bedürfnis nach sozialer Abgrenzung und Unterscheidung verbunden. Lt. Brand sei wohl wahrscheinlicher, dass nicht 30 Prozent der Bevölkerung LOHAS seien, sondern dass bei 30 Prozent der Bevölkerung die mit den LOHAS in Verbindung gebrachten **Wertvorstellungen** auf positive Resonanz stoßen. [405]

Der Lifestyle von gehobenem, maßvollem Konsum ist auch nur in gehobeneren Schichten eine Option, aber weniger bei ärmeren Bevölkerungsgruppen attraktiv.

Konsumverhalten ist in ein Gewebe von technischen, ökonomischen und sozialen Strukturen eingebunden. Diese sind Verkehrs- und Wohninfrastruktur, technische Versorgungssysteme und differenzierte Produkt- und Wertschöpfungsketten. Auch spielen Prozesse wie Flexibilisierung der Arbeitszeit und Individualisierung sozialer Beziehungen eine Rolle, da diese meist mit energieintensiven Verhaltenspraktiken einher gehen.

Um Veränderung im Konsumverhalten zu mehr nachhaltigem und klimafreundlichem Verhalten zu erreichen, sind die **politischen Rahmenbedingungen** und Förderungen entsprechend zu optimieren. Dies beträfe Investitionsbedingungen in den Bereichen Wohnen, Verkehr, Wärmedämmung und Ernährung. Auch Investitionen in erneuerbare Energien, Kraftstoff sparende Autos und Erzeugung von Bio-Lebensmitteln wären hier zu sehen.[406]

Rahmenbedingungen allgemein ermöglichen und begrenzen individuell verantwortlichen, klimafreundlichen Konsum erheblich. Ist dies mit Kosten und Unbequemlichkeiten verbunden, wird dies nur von wenigen hoch motivierten Personen umgesetzt. Durch ein verbessertes, allgemein zugängliches Angebot mit veränderten Kostenstrukturen und Verbreitung in allen Arten von Einkaufsstätten, können unterschiedliche Zielgruppen mit unterschiedlicher Kaufkraft bedient werden. Somit muss das Umfeld für einen entsprechenden Konsum geschaffen werden. Unter den Bedingungen knapper werdender Mittel öffnet sich eine Schere zwischen „Erlebnis- und Notwendigkeitskonsum" bei dem der Preis die entscheidende Rolle spielt.[407]

Bei Konsumentscheidungen haben **emotionale Qualitäten** und symbolische Funktionen einen starken Einfluss. Konsum ist ein Erlebnis, hat sinnstiftende Qualitäten, Marken und

---

[402] Regier Stefanie (2008)
[403] Bachl Thomas (2008)
[404] Brand Karl-Werner (2008)
[405] ebenda
[406] ebenda
[407] ebenda

Image transportieren einen Lebensstil. Die vorhandene diffuse **Bereitschaft** zu nachhaltigerem Konsum kann durch politische Steuerungsinstrumente, veränderte wirtschaftliche Angebotsstrukturen und begleitende Kommunikationskampagnen relativ rasch in entsprechende Konsummuster umgesetzt werden.[408] Eine Entwicklung zu einem bewussten Konsum vollzieht sich vor persönlichen, gesellschaftlichen, ökonomischen und ökologischen Einflüssen und wird zu einer Art „Indentitäts-Shopping".[409]

---

[408] ebenda
[409] Wenzel Eike Haderlein Andreas, Mijnals Patrick (2007)

10. Resümee

Wie im Laufe der Arbeit dargestellt, ist die Thematik „Klimawandel" in Medien, Gesellschaft und Wirtschaft hoch aktuell. Die Klimaforschung ist der überwiegenden Meinung, dass der Klimawandel stattfindet und vom Menschen durch verstärkte CO2-Emissionen wesentlich mit verursacht und beschleunigt wird (anthropogener Klimawandel). Der Klimawandel wird massive Auswirkungen auf Umwelt, Menschen und Natur haben und diese sind nur noch in einem gewissen Maße einzudämmen, wenn versucht wird, die Erwärmung des Klimas auf einen Pegel von ca. 2 Grad Celsius zu begrenzen.

Ein Nicht-Reagieren auf die Veränderungen der klimatischen Bedingungen und weiterer Anstieg der Erwärmung, würde zu erheblichen Schäden der natürlichen Umwelt, die derzeit nicht absehbar sind, und in der Folge zu massiven finanziellen Schäden und Vernichtung von materiellen Werten, führen. Diese Auswirkungen wären voraussichtlich so hoch, dass ein Gegensteuern, mit dem Versuch von Vermeidung und Anpassung an den Klimawandel, ökonomisch wesentlich sinnvoller ist.

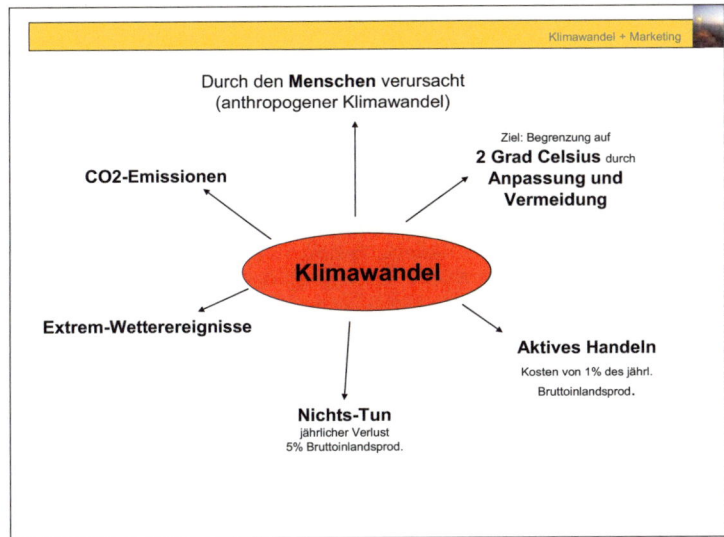

Abb. 26: Situation Klimawandel

Der Klimawandel wurde als, erst wissenschaftliches Thema, von den Medien aufgegriffen und entsprechend den medialen Interessen als Bedrohungsszenario und „Klimakatastrophe" in der Öffentlichkeit publiziert. Durch diese publizierten Erkenntnisse der Wissenschaft, mit Beschreibung drastischer Auswirkungen, wird der Klimawandel in der Bevölkerung als real stattfindend angesehen und eben auch als vom Menschen mit verursacht (anthropogen) bewertet. Erlebnisse von Extremwetter-Ereignissen bestätigen und verstärken diese Ansicht. Der Klimawandel hat sich zu einem Medienstar entwickelt und ist allgemein im Bewusstsein der Bevölkerung verankert.

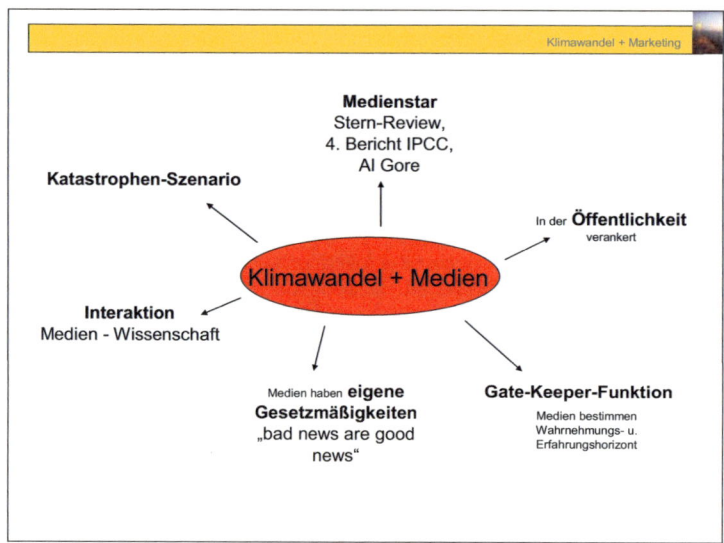

Abb. 27: Klimawandel + Medien

Aufgrund der sich verändernden klimatischen Umweltbedingungen und die dadurch nötige geringere Emission von CO2-Mengen ist eine Anpassung industrieller Produktionen, Entwicklung innovativer, energieeffizienter Produkte und eine Veränderung des Konsumentenverhaltens für eine Klima schonende Entwicklung nötig. Vor diesem Hintergrund erfahren Wirtschaftssektoren und Branchen drastische Auswirkungen, es müssen Produkte verändert, neue entwickelt und Herstellungsprozesse angepasst werden. Vor allem der Energieeffizienz wird hohe Aufmerksamkeit entgegen gebracht. Sie wird als ein wesentlicher Schlüssel zur Reduktion des CO2-Ausstoßes gesehen. In der Konsumtion der Menschen muss sich ein Klima schonendes Verhalten etablieren.

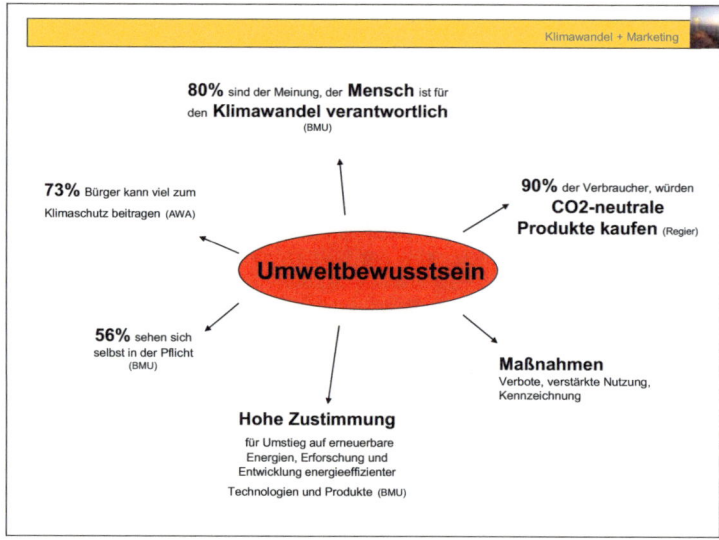

Abb. 28: Umweltbewusstsein in Deutschland

Bei den Konsumenten entwickelte sich ein größeres Bewusstsein und eine höhere Sensibilität für diese Thematik. Das Thema Klimawandel und eines nachhaltigen Konsumierens (das auch klimafreundliches Konsumieren einschließt) hat sich von der Position eines gesellschaftlichen Randthemas nun in der Mitte der Gesellschaft etabliert. Hier verstärkt in den gehobenen Einkommensschichten. Der Konsum von modernen, innovativen, die Umwelt schonenden Produkten ist zum Lifestyle geworden. Dies wird aber nicht als dogmatische Philosophie gelebt, sondern auch situativen Bedingungen angepasst und tolerant gehandhabt. Ein genussvoller, etwas hedonistischer und sich allgemein an Umweltbelangen interessierender Lebensstil wird gepflegt. Hier hat sich ein Megatrend entwickelt, der Motor für Veränderung in Richtung mehr allgemeines Bewusstsein zu Klimafreundlichkeit, Nachhaltigkeit und ökologischer Belange ist. Es findet ein Wertewandel statt.

Die Konsumenten sind sehr Technik affin und nutzen die Möglichkeiten der Vernetztheit der modernen Kommunikationssysteme.

Nicht allen Konsumenten ist es möglich diese konsumintensive, avantgardistische Lebensweise zu pflegen. Hier stehen existenziellere Motive im Vordergrund. Nichts desto trotz ist ein latentes Bewusstsein für Belange der natürlichen Umgebung, der ökologischer Themen und der sich ergebenden Notwendigkeiten durch den Klimawandel vorhanden.

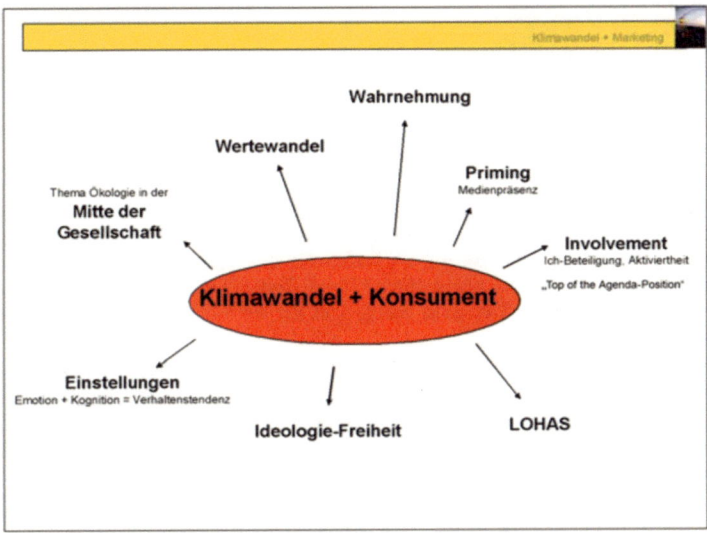

Abb. 29: Klimawandel + Konsument

Vor diesem Hintergrund eröffnen sich für Unternehmen Marktperspektiven für neue Produkte und entsprechende Kommunikationsmöglichkeiten. Unter anderem, sich als innovatives Unternehmen zu positionieren und zu profilieren. Eine Prüfung der eigenen Unternehmenstätigkeit und Klärung der Möglichkeiten, diesen Megatrend für seine Unternehmensaktivitäten nutzen zu können, ist Voraussetzung. Dabei ist grundlegende Bedingung, dass diese Aktivitäten glaubwürdig, vor dem Hintergrund einer positiven Veränderung des Klimawandels und Verringerung der CO2-Belastung ergriffen werden. Sonst ist eine rasche Entlarvung als „Green-Washer" zu befürchten, mit negativen Konsequenzen für Ansehen, Vertrauen, Image und Umsatz.

So hält die Thematik „Klimawandel" für Unternehmen sowohl kritische Elemente, als auch Chancen bereit. Die entsprechende Wahrnehmung, Analyse, Zielentwicklung und Neuorientierung ist Grundlage für ein erfolgreiches Management der neuen Situation.

Hier bietet nun die Thematik „Klimawandel" eine große Fülle von Möglichkeiten, die als Chance begriffen werden können. Entscheidungen müssen vor dem Hintergrund betriebswirtschaftlicher Prozesse und unternehmerischer Erfolgsorientierung getroffen werden.

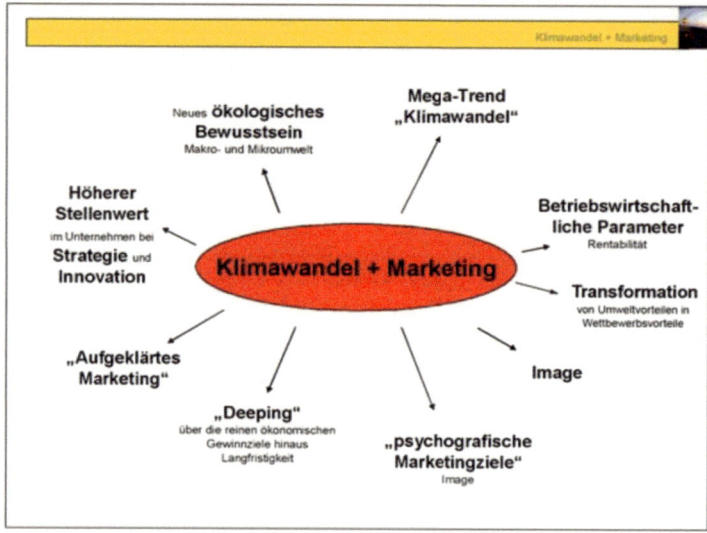

Abb. 30: „Klimawandel + Marketing"

Positiver Umgang mit dem Klimawandel hat nichts mit Verzicht, Kasteiung oder Ideologieprägung zu tun. Wohl schon mit Bewusstsein und Veränderung. Aufgrund der zu beobachtenden Diskrepanz zwischen artikuliertem Bewusstsein und realem Handeln ist es Bedingung, die Produkte und Dienstleistungen, die sich mit dieser Thematik befassen, allgemein zugänglich und erhältlich zu machen und Strukturen für eine Integration in den normalen Alltag zu schaffen.

Die Produkte müssen thematisch und emotional positiv besetzt werden. Ein tristes „Katastrophen-Szenario" ist nicht geeignet, Konsumenten zu aktivieren. Die Interessenten auf lustvolle und positive Art und Weise anzusprechen, ist deutlich Erfolg versprechender. Das Ziel muss eine positive Botschaft sein, die aktiviert und emotionalisiert. Der Begriff „Energie" verfügt hier schon über eine starke immanente Symbolik.

Die Botschaft muss eine hohe Wertigkeit kommunizieren, die ihr Bewusstsein aus Verantwortung mit Lebenslust bezieht. Nicht der Weltverbesserer ist gefragt, sondern der innovative und offene Konsument, der bewusst seine Entscheidung für einen positiven Beitrag zur Klimaverbesserung trifft und sich selbst damit höher und wertiger positioniert.

Eine „Feel Good Philosophie"[410], die einen Wertewandel unterstützt, Sorgen abnimmt. Dabei sich gut fühlen, Verantwortung zeigen und positive Entwicklungen voran bringen ist die Botschaft, die in der Kommunikation dargestellt werden sollte. Der Konsum klimafreundlicher Produkte soll einen Belohnungscharakter erhalten und nicht in der Nachkaufphase dazu führen, dass man diesen Kauf so quasi aus schlechtem Gewissen oder eine Art Mitleid getätigt hat. Das sozial bedingte Kaufrisiko soll reduziert sein. „Tue Gutes und zeige es allen".[411] Die Bestätigung über soziale Gruppen oder Meinungsführer muss aufgebaut werden und soll in der Nachkaufphase gegeben sein.

---

[410] Tom Buhrow (2008)
[411] Kroeber-Riel Werner, Weinberg Peter, Gröppel-Klein Andrea (2009)

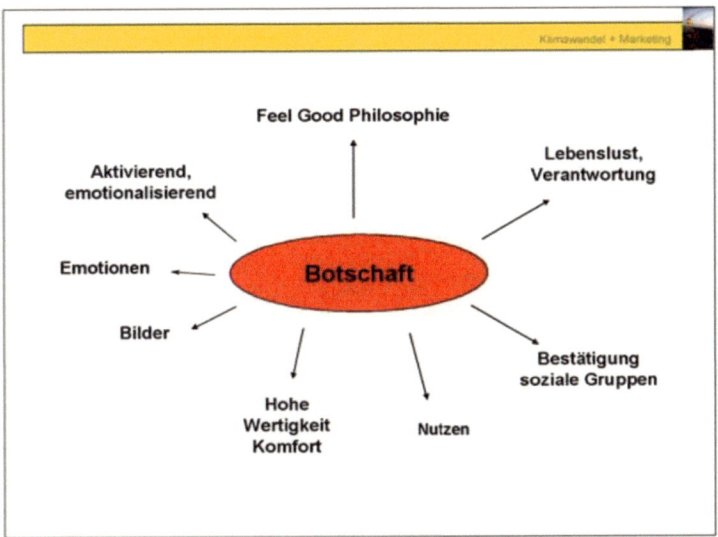

Abb. 31: „Feel Good-Botschaft"

Hier ist entsprechend ökologisch orientiertes strategisches Marketing nötig und eine Werbung für Produkte, die dieses kommuniziert und somit den Boden bereitet für eine positive Kaufbereitschaft des Konsumenten. Die Kommunikationsmaßnahmen müssen Aufmerksamkeit und Involvement verstärken, erlebnisorientiert sein und mit deutlich positiven Emotionen und Bildern (Schlüsselbildern) arbeiten.

Positiver Umgang mit dem Klimawandel muss die gleiche Augenhöhe in Bezug auf Wertigkeit in der Positionierung von Produkten und Marken erhalten, durchaus ähnlich Prestige, Luxus, Einmaligkeit. Diese Positionierungen sind noch sehr stark vordergründig und die Thematik Klimawandel ist derzeit meist nachrangig, wenn überhaupt, positioniert. Die Klimafreundlichkeit ist der USP des Produktes und darf nicht stiefmütterlich behandelt werden.

Kommunikation muss alle modernen Medien einschließen und die Glaubwürdigkeit des Unternehmens in einer vernetzten Kommunikationsstruktur aufbauen und festigen.

Klimawandel + Marketing

Abb. 32: Positionierung und Stärkung der Marke

Innovatives und ganzheitliches Marketing berücksichtigt die internen und externen Prozesse mit ihren Stakeholdern, setzt auf langfristige Gewinnerwartungen durch Zufriedenstellung der Kundenwünsche und handelt zukunftsorientiert. Es hat einen „wohlfahrtsbedachten" Ansatz. Ein langfristig ausgearbeitetes Zielsystem schafft Orientierung und zeigt Möglichkeiten der Anpassung auf. Interne Abläufe können optimiert werden (ebenso Supply-Chain, Verpackungen, Distribution) und bieten ebenfalls Möglichkeiten den CO_2-Ausstoß zu reduzieren, Kosten zu senken und damit die Chance sich weiter zu Positionieren und wirtschaftlichen Erfolg zu festigen.

Unternehmen entwickeln und leben ihr CI und positionieren sich somit als vertrauenswürdige Marke. Dies ist Schaffung von Markenwerten.

Durch das über die Medien erfolgte Priming der Konsumenten sind beste Voraussetzungen für hohe Aufmerksamkeit zu diesem Thema gegeben. Die Inhalte und die Botschaft der kommunizierten Werbung wird schneller aufgenommen und zugeordnet. Die Werbung mit diesem Thema hat deutlich größere Chancen in der allgemeinen Reizüberflutung wahrgenommen zu werden und Aufmerksamkeit auf sich zu ziehen. Diese allgemeine hohe Aufmerksamkeits-Bereitschaft kann genutzt werden um Synergieeffekte von öffentlicher Berichterstattung und Werbung vorteilhaft einzusetzen.

Die Bereitschaft klimafreundliche Produkte zu erwerben und so einen Beitrag zur Reduktion des CO_2-Ausstoßes zu leisten, ist in der Bevölkerung vorhanden. Teilweise wird sogar eine Bereitschaft höhere Preise zu akzeptieren festgestellt. Dennoch hat es sich gezeigt, dass die Konsumenten trotz bekundeter Bereitschaft, dieses dann oft nicht umsetzen. Hier schafft die Situation, dass die Energiepreise allgemein stark steigen wiederum Vorteile in der Preis-Nutzen-Relation, wenn der Anschaffung über die gesamte Lebensdauer des Produktes gesehen wird. Diese Vorteile müssen aufgezeigt und besonders in Verkaufsgesprächen hervorgehoben und kommuniziert werden.

Politische Anreizsysteme können einen zusätzlichen erheblichen Beitrag für klimafreundlichen Konsum leisten, indem sie einen Ausgleich von gesamtwirtschaftlichem Nutzen und individuellen Nachteilen zugunsten des Konsumenten schaffen.

Abschließend ist festzustellen, dass Klimawandel + Marketing durch aktives Annehmen von Veränderungen, die der Klimawandel mit sich bringt, erhebliche Chancen für Wettbewerbsvorteile und Unternehmenserfolg bieten. Als eine Abkehr des „Katastrophen –Szenarios" hin zu einer Erfolgsstrategie mit deutlich positiven Aussichten. Unter dem Strich kann ein Plus stehen.

Auf die eingangs gestellte Frage könnte somit geantwortet werden: „Klimawandel + Marketing" geht.

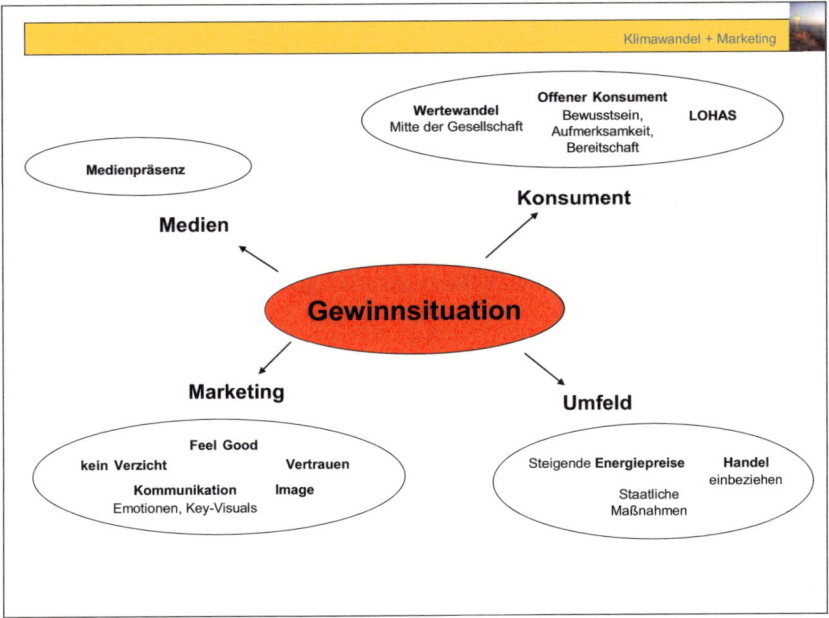

Abb. 33: Gewinnsituation „Klimawandel + Marketing"

11. Umfrage „Klimawandel + Marketing"

Zur Thematik „Klimawandel + Marketing" wurde im Rahmen dieser Arbeit eine Umfrage bei Unternehmen durchgeführt. Es sollte der Frage nachgegangen werden, ob durch die Veränderungen, die der Klimawandel mit sich bringt, sich auch Vorteile für Unternehmen entwickelt haben und ob diese im Marketing umgesetzt werden konnten, mit daraus resultierenden positiven Auswirkungen für das Unternehmen.

Die Ergebnisse der Umfrage sind nicht repräsentativ.

Die Umfrage erfolgte in schriftlicher Form mit Hilfe eines Fragebogens. Dieser wurde per E-Mail an 117 Unternehmen versandt und um Beantwortung gebeten. Daran beteiligt haben sich 22 Unternehmen. Der Zeitraum der Umfrage erstreckte sich vom 30.12.2008 bis 13.03.2009. Es wurden geschlossene, ordinal skalierte Fragen gestellt, mit der Möglichkeit anschließend einen Kommentar dazu abzugeben. Fragen zu Produkten, Zielgruppen und Angaben zum Unternehmen waren offene Fragen, ebenso die Möglichkeit einen Kommentar als Feedback zum Fragebogen abzugeben.

Der Fragebogen war gegliedert in eine Einführungsfrage zur Thematik, sechs Fragenkategorien, abschließende Feedback-Möglichkeit und verfügte natürlich über eine Titelseite. Die Gliederung war folgende:

> Einführung

> 1. Fragen zu Produkten / Dienstleistungen

> 2. Fragen zu Marketing / Kommunikation

> 3. Fragen zu Zielgruppen

> 4. Fragen zu Nachhaltigkeit

> 5. Fragen zu Unternehmensergebnissen

> 6. Fragen zum Unternehmen

Die Auswahl der Unternehmen erfolgte zufällig, vor dem Hintergrund einer möglichen Relevanz zur Thematik Klimawandel. Die Antworten der Unternehmen, die sich an der Umfrage beteiligten, werden anonym behandelt.

Ausgewählte Fragen einzelner Kategorien sollen hier in Form einer Zusammenfassung vorgestellt werden und die wichtigsten Ergebnisse darstellen. Daher sind nicht alle Fragen und Antworten der Umfrage aufgeführt und daher auch in den fortlaufenden Nummerierungen der Fragen teilweise unterbrochen. Die kompletten Ergebnisse können jederzeit gerne eingesehen werden. Der Fragebogen selbst ist der Arbeit beigefügt.

Folgende Ergebnisse wurden ermittelt:

Einführung

Frage: „Klimawandel" ist ja in allen Medien ein Thema. Halten Sie es für Ihr Unternehmen für wichtig?

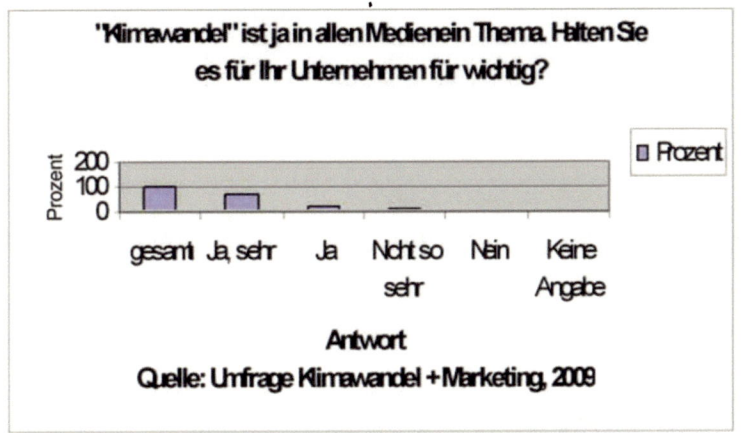

=> insgesamt 86 Prozent halten das Thema für wichtig

1. Fragen zu Produkten / Dienstleistungen Ihres Unternehmens

Frage 1.1. Welche Produkte / Dienstleistungen bietet Ihr Unternehmen an?

Antworten:
Strom, Gas, Trinkwasser, Alkoholfreie Getränke, Automobil, Geräte der Unterhaltungselektronik, Haushaltskleingeräte, Licht, Leuchten, Medizinprodukte, Leuchtmittel, Reiseveranstalter, Einrichtungsprodukte, Heiztechnische-Systeme, Sportartikel (Sportschuhe, Bekleidung, Accessoires, Ausrüstungen), hochwertige Kunststoffe in unterschiedlichen Sektoren, stressresistente Pflanzen, Pflanzenschutz, Getränkekartons, Abfüllmaschinen, Papierprodukte jeglicher Art, recycling Karton und FrischfaserKarton, Verpackung auf Basis Karton, Nachhaltiges Bauen (Green Building), tiefgefrorene Gerichte, Lobbyarbeit, Service- und Facharbeit, Planung von Windparks, Betrieb von Windparks, Produktion von Windenergieanlagen, Spezialpapiere, Energie, Trinkwasser, Nahverkehr, Hersteller von Fahrradbeleuchtung und Rückspiegeln für Zweiräder.

Frage 1.2. Reagiert Ihr Unternehmen auf das Thema „Klimawandel?"

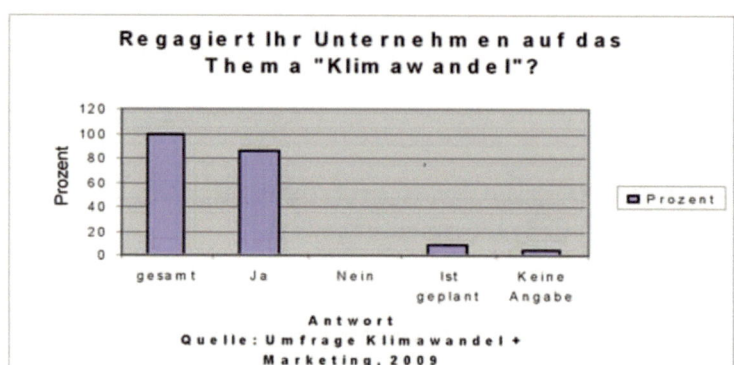

=> 86 Prozent reagieren auf das Thema mit individuell unterschiedlichen Strategien

Frage 1.3. Wurden Produkte / Dienstleistungen aufgrund des Themas „Klimawandel" neu entwickelt?

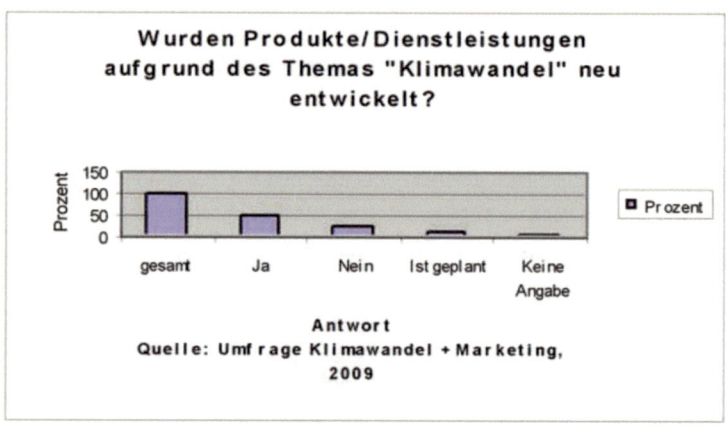

=> 50 Prozent haben Produkte neu entwickelt, bei 14 Prozent ist es geplant

Frage 1.4. Wurden Produkte / Dienstleistungen an das Thema „Klimawandel" angepasst?

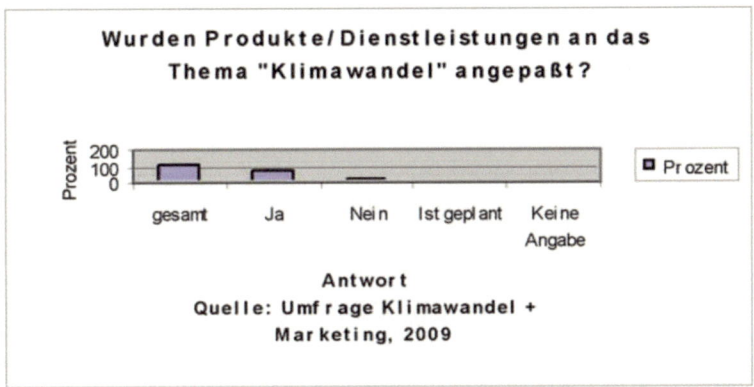

=> 73 Prozent haben Produkte angepasst, bei 9 Prozent ist es geplant

2. Fragen zu Marketing/Kommunikation Ihres Unternehmens

Frage 2.1. Haben Sie Marketing-Maßnahmen zu der Thematik „Klimawandel" durchgeführt?

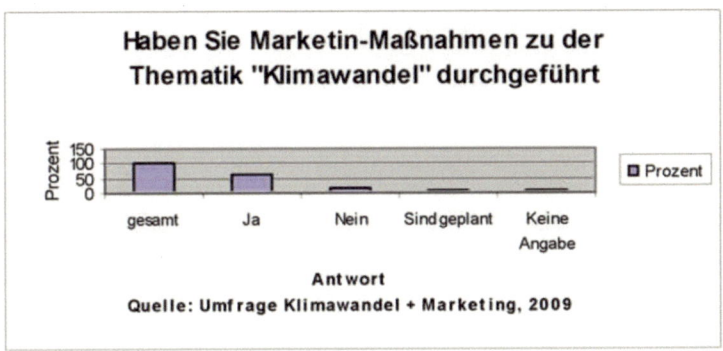

=> 64 Prozent haben Marketing-Maßnahmen durchgeführt, bei 9 Prozent ist es geplant

Frage 2.2. Ist die Präsenz des Themas in den Medien für Sie von Vorteil?

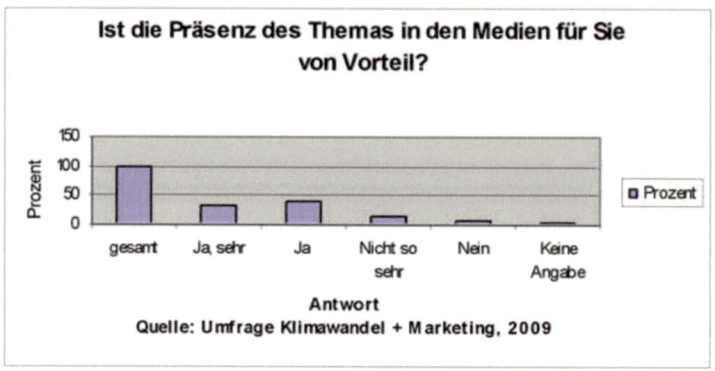

=> insgesamt 73 Prozent geben an dies ist von Vorteil

Frage 2.3. Haben Sie eventuell neue Kommunikationsmöglichkeiten ergriffen?

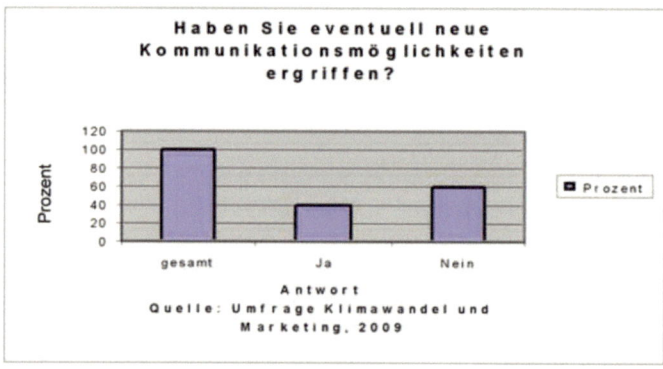

=> 41 Prozent antworten mit ja, 59 Prozent mit nein

Frage 2.4. Nützen Sie das Thema „Klimawandel" für PR-Maßnahmen Ihres Unternehmens?

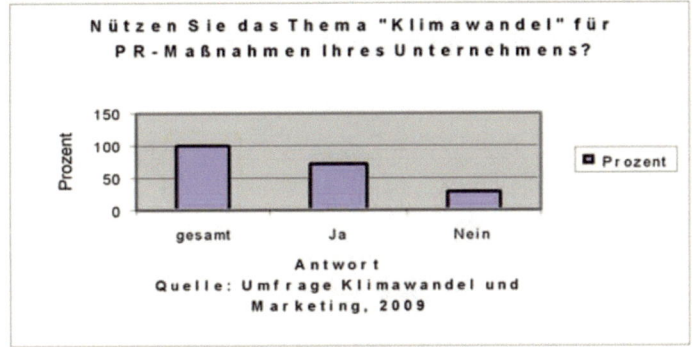

=> 73 Prozent nutzen es für PR-Maßnahmen

Frage 2.5. Setzen Sie das Thema auch in Ihrer Werbung ein?

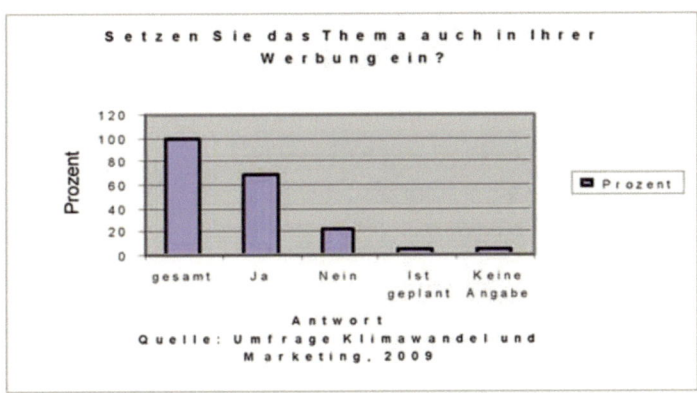

=> 68 Prozent setzen es in der Werbung ein

Frage 2.6. Welche Medien nutzen Sie für Ihre Werbung?

Antworten:
Internet, Print, Mailings etc., Funk, Plakat, Tagespresse, Alle ATL + BTL, Privat, TV, Web, gesamte Portfolio, Fach- und Publikumszeitschriften, Internet, TV, Radio, Print (BtoB, BtoC), Internet, Fachpresse, Verkaufs- und Unternehmensliteratur, Klimawandel in Bezug auf Energieeffizienz: Internet, Anzeigen, Broschüren, Messeauftritte, Präsentation auf Kongressen und Symposien, Nachhaltigkeitsbericht, Geschäftsbericht, Hauptversammlungen, Investor Relations Kommunikation, TV, Print, POS, Blog, Internet, Telefon, Internet, Postsendungen, Internet, Tageszeitungen, Fachzeitschriften, Mailings, Kundenmagazin, Messen, Konferenzen, Homepage, sales folder, nur B2B, wenig Anzeigen, Internet, Mailings, Fachzeitschriften, Rundschreiben an den Handel

Frage 2.7. Spielt das Internet bei Ihrer Kommunikation eine wichtige Rolle?

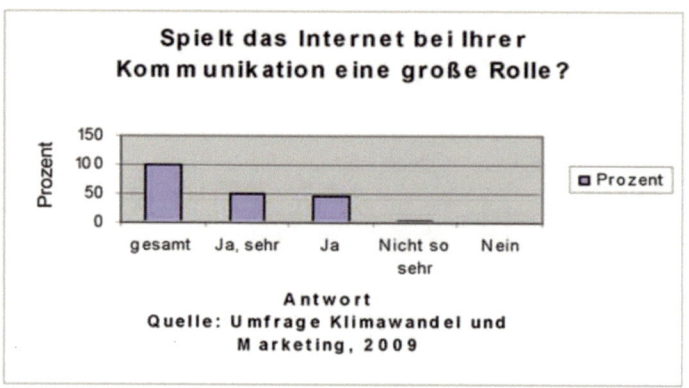

=> bei 95 Prozent spielt das Internet eine große Rolle

Frage 2.8. Haben Sie „Web-Blogs" eingerichtet?

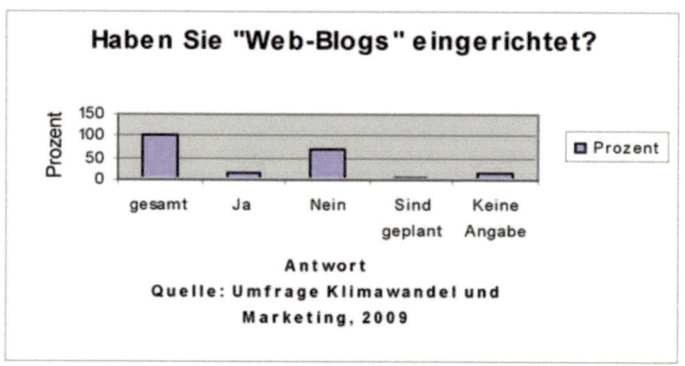

=> 68 Prozent haben keine Web-Blogs eingerichtet

Frage 2.9. Ist Ihnen „Empfehlungs-Marketing" wichtig?

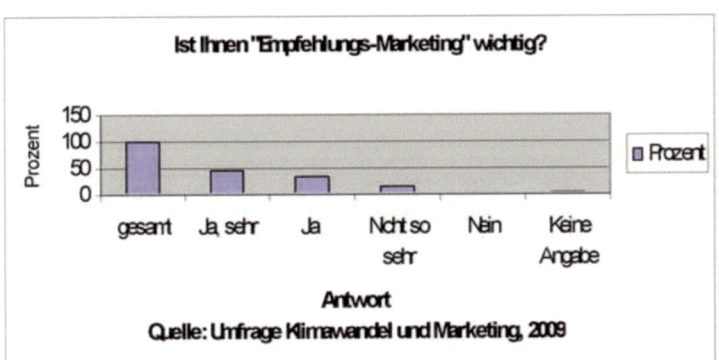

=> für insgesamt 81 Prozent ist „Empfehlungs-Marketing" wichtig

Frage 2.10. Haben Sie Untersuchungen zu Ihren Marketingaktivitäten „Klimawandel" durchgeführt?

=> 32 Prozent haben Untersuchungen durchgeführt, 55 Prozent keine, 9 Prozent planen diese durchzuführen

Frage 2.11. Wurde Ihr Image durch das Eingehen auf den „Klimawandel" positiv gestärkt?

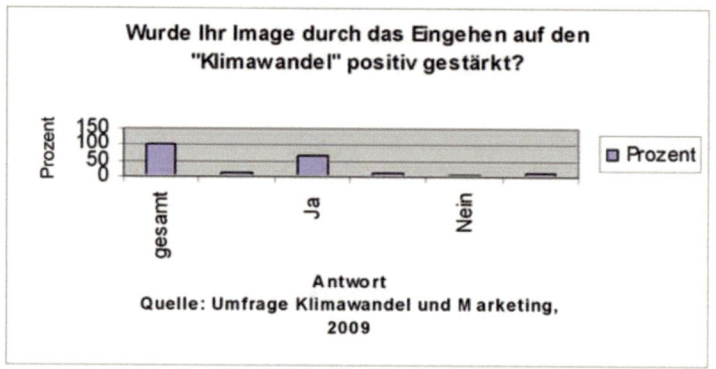

=> bei insgesamt 78 Prozent wurde das Image positiv gestärkt

Frage 2.12. Hat sich Ihre Positionierung im Markt positiv verändert?

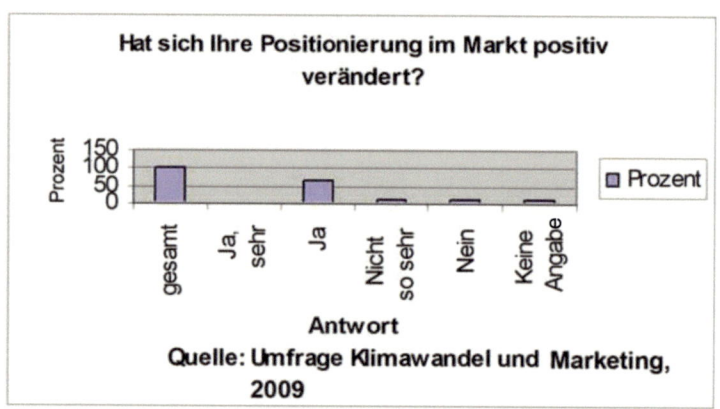

=> bei 64 Prozent hat sich die Positionierung positiv verändert

Frage 2.13. Haben sich dadurch neue Märkte, Absatzmöglichkeiten erschlossen?

=> 45 Prozent sagen ja, es haben sich neue Märkte ergeben

Frage 2.14. Wird das Thema „Klimawandel" in Zukunft in Ihrem Marketing eine Rolle spielen?

=> bei 82 Prozent wird das Thema zukünftig eine Rolle spielen

Klimawandel + Marketing

3. Fragen zu Zielgruppen Ihres Unternehmens

Frage 3.1. Könnten Sie bitte Ihre Zielgruppe / Zielgruppen in Stichworten beschreiben?

Antworten:
Ökologie zu bezahlbaren Preisen für jedermann, ZG variiert von Marke zu Marke, zu aufwändig + zu vertraulich, keine spez. ZG, alle Kunden zufrieden stellen, Tra... Kunden + Retailkunden ????, sämtliche Zielgruppen für Heiztechnische Systeme, Externe Stakeholder (Investoren, Politik, NGO), Kunden, Lieferanten, Mitarbeiter, Kunden, pot. Kunden, pol. Meinungsbildner, NGOs, Endverbraucher, Schüler, Drucker, Werbeagenturen; Endkunden jeglicher Art (z. B. Autohersteller) die Printprodukte benötigen; Verlage, Bürohändler, B2B - große Druckserien, große Konsumgüter, Pharma, Cosmetik Hersteller, große Retailer, v. a. mit Eigenmarken, Entscheider aus Wirtschaft, Politik, Medien sowie Aktionäre, Investoren, Mitarbeiter, HOCHTIEF gehört in den Bereich B2B, Industriekunden (B2B),öffentliche Auftraggeber, 35-75 Jahre, hohe bis höchste Einkommen, mehrheitlich (ca. 60 %) Frauen, Handwerksbetriebe und Zulieferer, kommunale, regionale und Landestourismusorganisationen, Investoren, Banken, Landwirte, Landbesitzer, Planungsbüros, Entwicklungsingenieure, Druckereien, Papiergroßhandel, Verarbeiter, Privatkunden, Geschäftskunden, Fahrradhersteller, Fahrradgroß- und Einzelhandel, Zweiradhersteller und -händler, letztendlich Fahrrad- und Motorradfahrer.

Frage 3.2. Haben Sie Veränderungen, hin zu mehr Umweltbewusstsein bei Ihren Zielgruppen, Kunden registriert?

=> insgesamt 73 Prozent haben mehr Umweltbewusstsein registriert

Frage 3.3. Hat sich eventuell eine neue Zielgruppe durch das Thema „Klimawandel" gefunden?

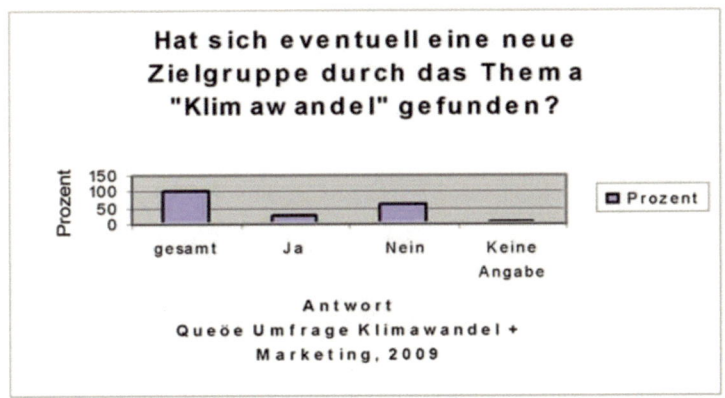

=> 27 Prozent beantworten die Frage mit ja, 64 Prozent mit nein

Frage 3.4. Wie reagieren Ihre Kunden auf Ihre Aktivitäten „Klimawandel"?

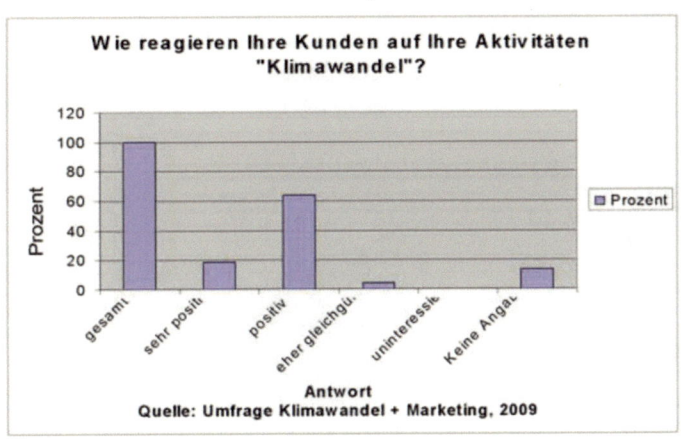

=> insgesamt 82 Prozent reagieren positiv

Frage 3.5. Merken Sie ein höheres Involvement Ihrer Kunden / Ihrer Zielgruppe bei diesem Thema?

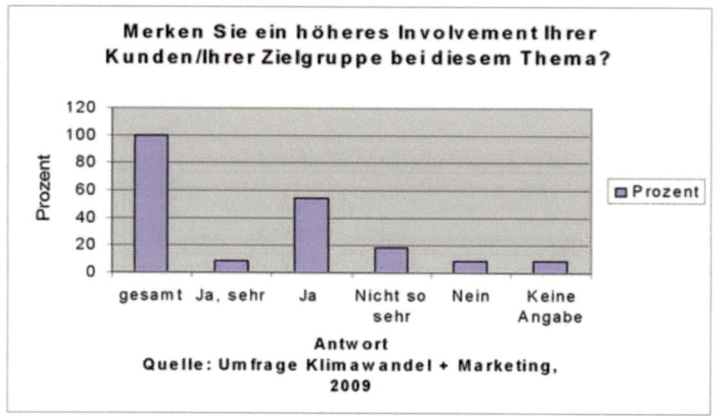

=>insgesamt 64 Prozent merken ein höheres Involvement, insgesamt 27 Prozent nicht

Frage 3.6. Gibt es eine höhere Emotionalität?

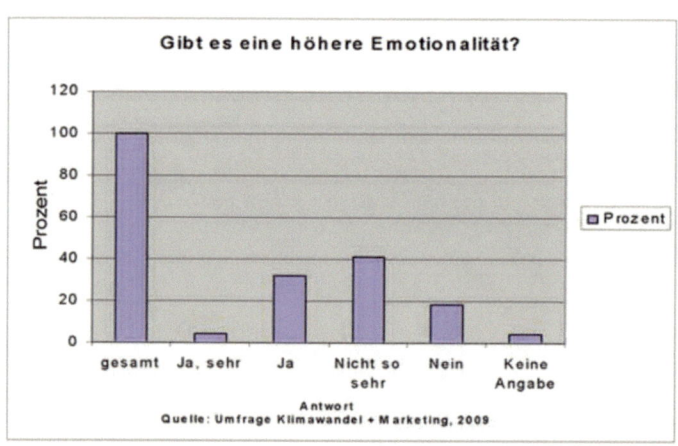

=> insgesamt 37 Prozent bemerken eine höhere Emotionalität, insgesamt 59 Prozent nicht

Frage: 3.7. Ist das Thema „Klimawandel" für Sie ein Verkaufsargument?

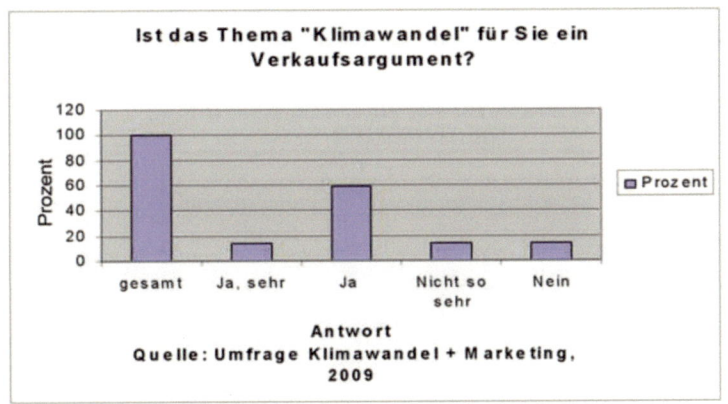

=>für insgesamt 73 Prozent ist es ein Verkaufsargument

Frage 3.8. Können Sie dadurch Ihren Verkauf steigern?

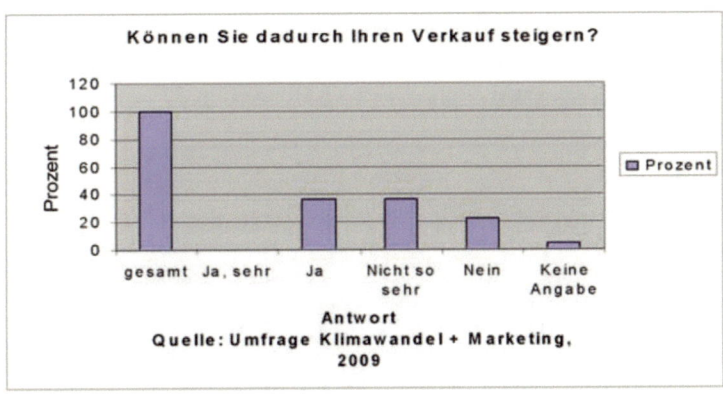

=> 36 Prozent konnten ihren Verkauf steigern

4. Fragen zu Nachhaltigkeit

Frage 4.1. Wie stark ist das Thema „Nachhaltigkeit" für Ihr Unternehmen relevant?

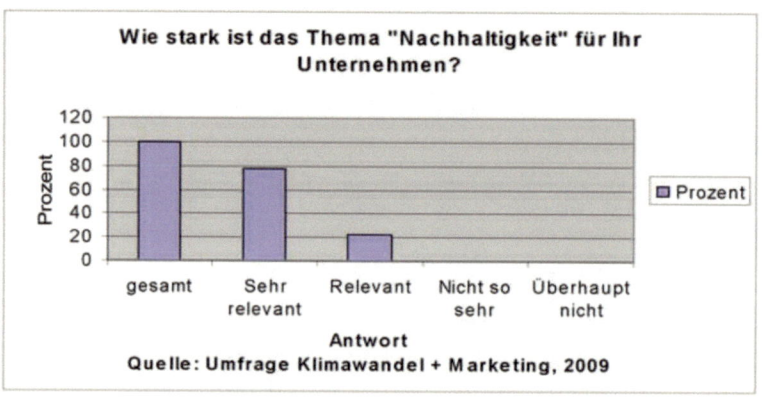

=> bei insgesamt 100 Prozent ist das Thema relevant

Frage 4.2. Produzieren Sie bereits „nachhaltig"?

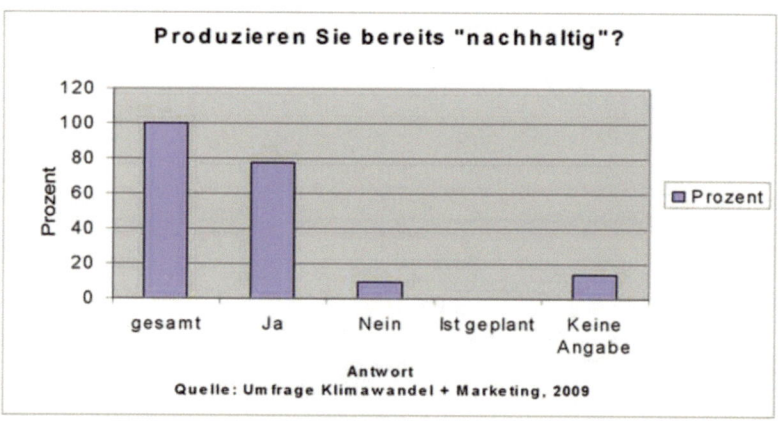

=> 86 Prozent produzieren nachhaltig

Frage 4.3. Wird das Thema „Nachhaltigkeit" in Ihrer Werbung kommuniziert?

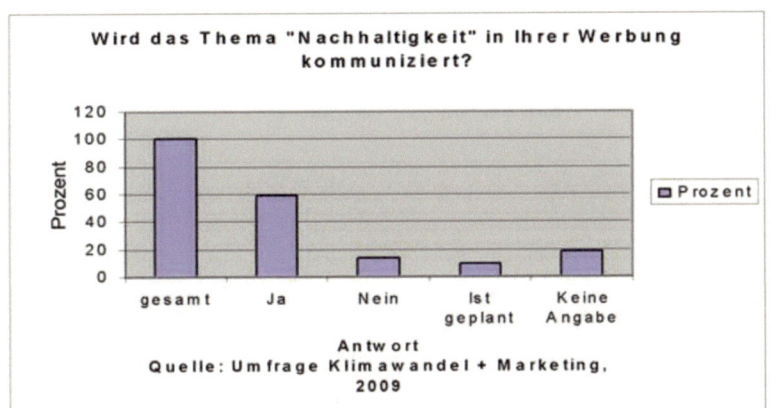

=> 59 Prozent kommunizieren das Thema in ihrer Werbung, 14 Prozent tun es nicht, bei 9 Prozent ist es geplant

Frage 4.4. Wo bestehen Ihrer Meinung nach Grenzen von „Nachhaltigkeit"?

Antworten:
wenn Maßnahmen ökologisch bzw. ökonomisch keinen Sinn mehr machen, wenn Kosten überproportional steigen, die Grenzen könnten sich in Zukunft durch den weiter wachsenden Globalenergiebedarf bei zuneige gehenden Ressourcen ergeben, Profitabilität des Unternehmens muss gewahrt bleiben, In der Transparenz der Berichterstattung des eigenen Handelns, globalen Kontext der Absatzmärkte, politische Rahmenbedingungen, Bei "green washing" also durch erkaufte Klimaschutzbemühungen, Wo sachliche Argumentation mit Unwahrheiten vermischt werden, um einen Konkurrenzvorteil herauszuholen, wo es unterschiedliche regionale Bestimmungen gibt und daher Wettbewerbsnachteile, Der Begriff ist für viele nicht klar. Er wird leider inflationär eingesetzt, Verfügbarkeit und Qualität der Rohwaren, beim aktiven Umsetzen, technische Mängel, Energieversorgung, Transport

5. Fragen zu Ergebnissen Ihres Unternehmens

Frage 5.1. Wirkt sich der „Klimawandel" positiv auf Ihre Geschäftsaktivitäten aus?

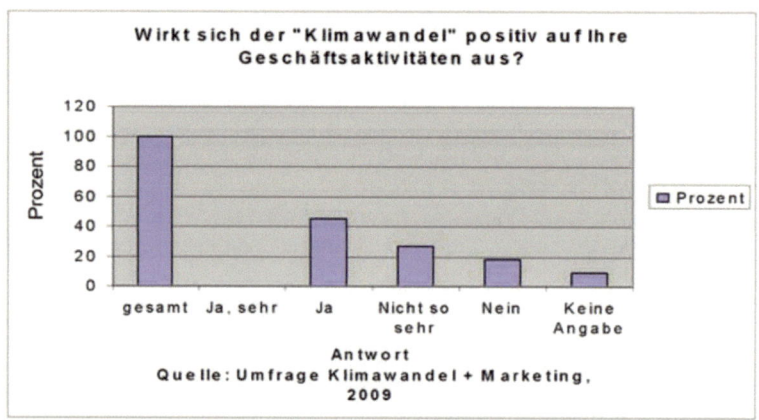

=> bei 45 Prozent wirkt sich der Klimawandel positiv aus

Frage 5.2. Haben Sie mehr verkauft?

=> bei 36 Prozent wurde mehr verkauft

Frage 5.3. Verschaffen Ihnen Ihre Marketingaktivitäten zu „Klimawandel" Vorteile im Wettbewerb?

=> 55 Prozent haben dadurch Vorteile im Wettbewerb

Frage 5.4. Gibt es Veränderungen in den Umsätzen seit das Thema „Klimawandel" kommuniziert wird?

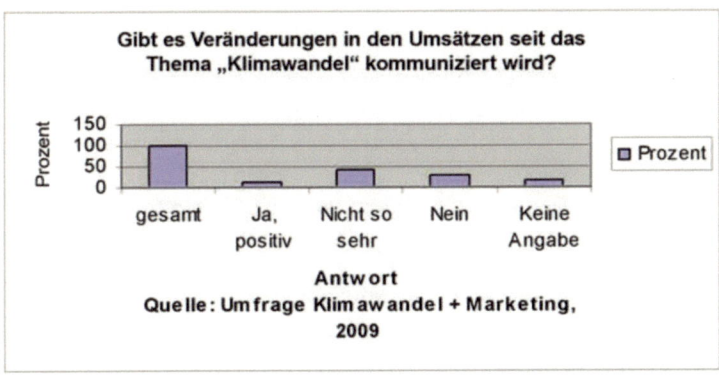

=> bei 14 Prozent hat sich der Umsatz positiv verändert

Klimawandel + Marketing

Frage 5.5. Können Sie dadurch (mehr) Gewinn erzielen?

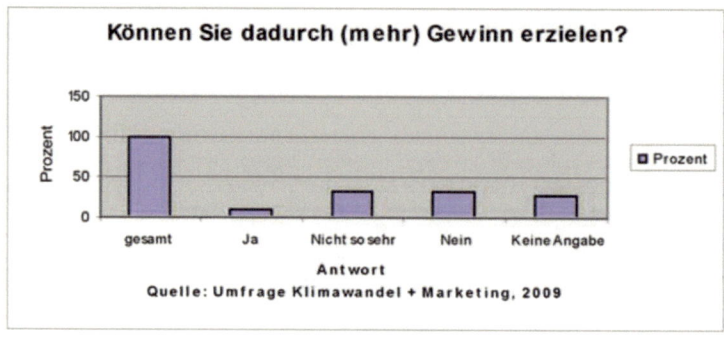

=> 9 Prozent konnten mehr Gewinn erzielen, 32 Prozent nein, 27 Prozent keine Angaben

5.6. Ist die Thematik „Klimawandel" für Sie profitabel?

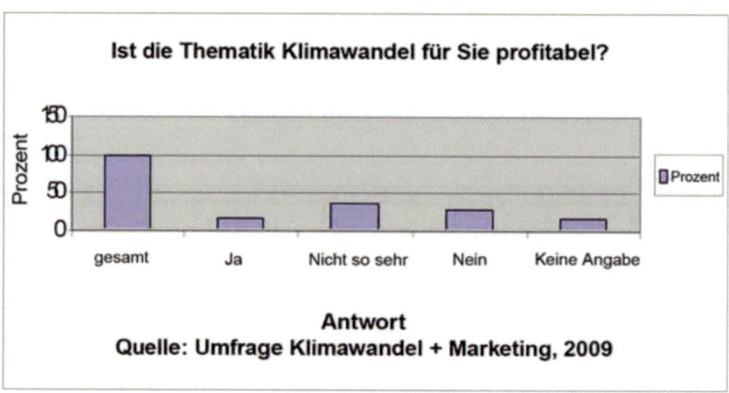

=> für 18 Prozent ist die Thematik profitabel

Frage 5.7. Sehen Sie einen Widerspruch zwischen der Thematik „Klimawandel" und Profit?

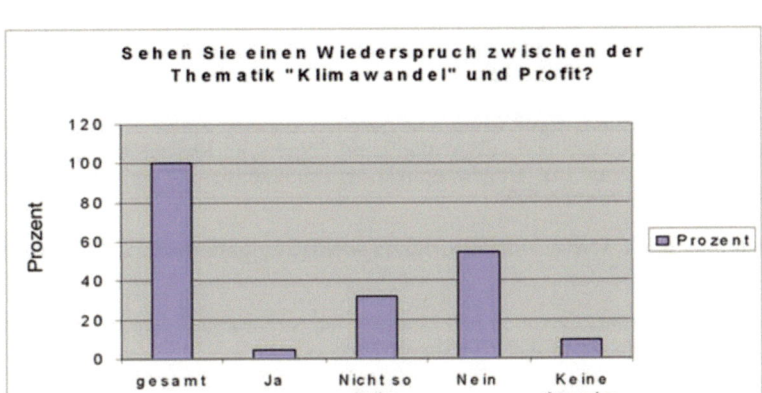

=> 55 Prozent sehen keine Widerspruch, 32 Prozent nicht so sehr, 5 Prozent schon

Die **Unternehmensgrößen** der teilnehmenden Unternehmen schwankte von 7,5 Mitarbeitern bis 240.000 Mitarbeitern, der Umsatz von 1,3 Millionen Euro bis 16,45 Milliarden Euro.

Die Unternehmen ordneten sich folgenden Branchen zu:
Strom, Gas, Trinkwasser, Alkoholfreie Getränke, Automobil, Unterhaltungselektronik, Haushaltskleingeräte, Licht, Leuchtmittel, Medizinprodukte, Reiseveranstalter, Einrichtungsprodukte, Heiztechnische Systeme, Sportartikel (Sportschuhe, Bekleidung, Accessoires, Ausrüstungen), Kunststoffe, Pflanzen, Pflanzenschutz, Getränkekartons, Abfüllmaschinen, Papierprodukte, recycling Karton, Verpackung, Nachhaltiges Bauen, tiefgefrorene Gerichte, Lobbyarbeit, Service- und Facharbeit, Windparks, Windenergieanlagen, Spezialpapiere, Energie, Trinkwasser, Nahverkehr, Fahrradbeleuchtung.

Leider war es in dieser Arbeit nicht möglich, alle Ergebnisse zu bewerten.
Die dargestellten **Ergebnisse** jedoch bestätigen klar den Ansatz dieser Arbeit, dass Unternehmen, die sich auf den Klimawandel einstellen, Veränderung als Chance nutzen, ihr Marketing darauf ausrichten, in der Folge aus den Veränderungen **positive Effekte für Ihr Unternehmen** generieren können.

Durch die Aktualität und Vielschichtigkeit der Thematik, und da sich diese Arbeit nur mit einem kleinen Ausschnitt befassen konnte, besteht noch weiterer Forschungsbedarf in der Sache.

Literaturverzeichnis

Bachl Thomas: Fast Moving Consumer Goods klimafreundlich einkaufen?, Vortrag auf der 58. GfK-Tagung, Nürnberg, 4. Juli 2008; http://www.gfk-verein.de/index.php?article=conference_02_07&lang=german&f=confe rence08, PDF, Abruf 12.02.2009

Bechmann Gotthard, Beck Silke, Zur gesellschaftlichen Wahrnehmung des anthropogenen Klimawandels und seiner möglichen Folgen. In: Kopfmüller, J.; Coenen, R. (Hrsg.): Risiko Klima. Der Treibhauseffekt als Herausforderung für Wissenschaft und Politik. Frankfurt Campus 1997

Berenberg Bank, HWWI Hamburgisches WeltWirtschaftsInstitut, Strategie 2030 – Klimawandel, 2007

Brand Karl-Werner: Chancen und Grenzen für verantwortlichen Konsum, in factorY Magazin für nachhaltiges Wirtschaften, 02/2008

Buhrow Tom: Perspektiven für den Klimaschutz in den USA, Vortrag auf der 58. GfK-Tagung, Nürnberg, 4. Juli 2008; http://www.gfk-verein.de/index.php?article=conference_02_07&lang=german&f=confe rence08, PDF, Abruf 12.02.2009

Bundesministerium für Bildung und Forschung (BMBF): Herausforderung Klimawandel, Bestandsaufnahme und Perspektiven der Klimaforschung, Berlin, 2003

Bundesministerium für Umwelt, Naturschutz und Reaktorsicherheit (Hrsg), Megatrends der Nachhaltigkeit – Unternehmensstrategie neu denken; Mai 2008

Bundesministerium für Umwelt, Naturschutz und Reaktorsicherheit, Umweltbundesamt für Mensch und Umwelt: Kurzfassung Umweltwirtschaftsbericht 2009; Januar 2009

Bundesministerium für Umwelt, Naturschutz und Reaktorsicherheit: Umweltbewusstsein in Deutschland 2006, Ergebnisse einer repräsentativen Bevölkerungsumfrage (November 2006)

Bundesministerium für Umwelt, Naturschutz und Reaktorsicherheit: Umweltbewusstsein in Deutschland 2008, Ergebnisse einer repräsentativen Bevölkerungsumfrage (Dezember 2008)

Burmeister Klaus (2008) Interview der Fa. Bosch http://csr.bosch.com/content/language1/html/4764_DEU_XHTML.aspx, Download 09.02.09, 23.44 Uhr

Burmeister Klaus, Glockner Holger: Silberstreif am Anlagehorizont. Themen und Trends der Zukunft In: Politische Ökologie 112-113, Dez 2008

Burmann Christoph, Meffert Heribert: Wandel in der Markenführung – vom instrumentellen zum identitätsorientierten Markenverständnis in Markenmanagement Identitätsorientierte Markenführung und praktische Umsetzung, 2. Auflage. 2005

Clean Edge; Clean Energy Trends 2008, http://www.cleanedge.com/reports/reports-trends2008.php; download 09.02.2009, 22.40 Uhr

Cubasch Ulrich: Variabilität der Sonne und Klimaschwankungen in MaxPlanck Forschung. Das Wissenschaftsmagazin der Max-Planck-Gesellschaft; 4/2001, S. 78 – 83) http://www.hamburger-bildungsserver.de/welcome.phtml?unten=/klima/solar/, Abruf 11.02.09, 17.18 Uhr

De Sombre Steffen: Der gesellschaftliche Wandel generiert neue Zielgruppen; Institut für Demoskopie Allensbach, AWA 2008 http://www.awa-online.de/praesentationen/awa08_Zielgruppen.pdf, Abruf 08.03.09, 17.28 Uhr

Deutsche Bundesregierung; http://www.bundesregierung.de/nn_774/Content/DE/Artikel/2009/01/2009-01-13-konjunkturpaket-neuregelung-kfz-steuer.html, Abruf 13.02.09, 15.03 Uhr

Deutsche Energie Agentur (2009): Energieeffiziente Gebäude; http://www.dena.de/themen/thema-bau/, Abruf 13.02.09, 10.30 Uhr

Deutscher Tourismusverband e. V.: Fachveranstaltung Reiz der Nähe – Klimafreundlicher Urlaub in Deutschland, 2009 http://www.deutschertourismusverband.de/, Abruf 13.02.09, 13.34 Uhr

Engels Anita; Das Wissen der Medien und die Erwartung an die Wissenschaft, Vortrag auf der 5. Deutschen Klima-Tagung am 04.10.2000, Hamburg; http://www.hamburger-bildungsserver.de/welcome.phtml?unten=/klima/gesellschaft/medien.htm; Abruf 01.02.09, 21.05 Uhr

Engels Anita und Weingart Peter: Die Politisierung des Klimas. Zur Entstehung von anthropogenem Klimawandel als politischem Handlungsfeld, in Risiko und Regulierung, Hiller Petra und Krücken Georg (Hrsg.), 1997

Esch Franz-Rudolf, Langner Tobias, Brunner Christian: Kundenbezogene Ansätze des Markencontolling in Esch Franz-Rudolf (Hrsg.): Moderne Markenführung, Grundlagen – Innovative Ansätze – Praktische Umsetzungen, 4. Auflage, August 2005

Esch Franz-Rudolf: Markenpositionierung als Grundlage der Markenführung, in Esch Franz-Rudolf (Hrsg.): Moderne Markenführung, Grundlagen – Innovative Ansätze – Praktische Umsetzungen, 4. Auflage, August 2005

Esch Franz-Rudolf: Aufbau starker Marken durch integrierte Kommunikation, in Esch Franz-Rudolf (Hrsg.): Moderne Markenführung, Grundlagen – Innovative Ansätze – Praktische Umsetzungen, 4. Auflage, August 2005

Fichter Klaus, Ökonomie der Aufmerksamkeit - Zur Rolle von Aufmerksamkeit in der Medien- und Internetökonomie, Borderstep-Arbeitspapier 1/2001

Frause Bob, Colehour Julie: The Enviromental Marketing Imperative, Strategies for Transforming Enviromental Commitment Into A Competetitive Advantage, 1994

Friedman Sharon M. et al.: Reporting on Radiation: A Content Analysis of Chernobyl Coverage Journal of Communication 37, S. 58-67, 1987

Galtung Johan, Ruge Marie H.; The structure of foreign news. The presentation of the Congo, Cube, and Cyprus crises in four Norwegian newspapers, in: Journal of Peace Research, 2, 64-91, 1965

Gutberlet Kurt-Ludwig: Energieeffizienz im Haushalt, Vortrag auf der 58. GfK-Tagung, 04.07. 2008; http://www.gfk-verein.de/index.php?article=conference_02_& lang=german&f=conference   ;Abruf 12.02.09

Heymann Eric: Klimawandel und Branchen: Manche mögen`s heiß! Deutsche Bank Research, Aktuelle Themen 388, 04.06.2007

Hmielorz Annemone, Löser Nardine: Klimawandel und seine Präsenz in regionalen Medien – Eine Analyse der Ostsee-Zeitung. In Coastline Reports 8, 2007

Horx Matthias: Greendotcom: Der Abschied vom Entweder oder Denken, in Quarterly_ Das Trendmagazin der Zukunftsinstitutes, Mai 2008

Institut für Demoskopie Allensbach: Die Bevölkerung macht ernst mit Klimaschutz, allensbacher berichte, Nr. 10, 2008. http://www.ifd-allensbach.de/, Download 07.03.09, 12.20 Uhr

Koppe, C. und Jendritzky, G. (2004): Die Auswirkungen der Hitzewelle 2003 auf die Mortalität in Baden-Württemberg, Sozialministerium Baden-Württemberg, Stuttgart.

Kotler Philip, Bliemel Friedhelm: Marketing Management, Analyse, Planung und Verwirklichung, 10. Aufl., 2001

Kotler Philip, Armstrong Gary, Saunders John, Wong Veronica: Grundlagen des Marketing, 4. Auflage, 2007

Kroeber-Riel Werner, Weinberg Peter, Gröppel-Klein Andrea: Konsumentenverhalten, 9.Auflage, 2009

Köhler Susanne, Haderlein Andreas: Die neue Business-Moral: Corporate Social Responsibility prägt die Märkte von morgen, Kelkheim 2007

Kuß Alfred, Tomczak Torsten: Käuferverhalten, 3. Auflage, 2004

Lachmann Ulrich: Wahrnehmung und Gestaltung von Werbung, 2002

Luhmann N.: Öffentliche Meinung, in Politische Planung, Opladen, 1975

Lutz Christian, Meyer Bernd: Beschäftigungseffekte des Klimaschutzes in Deutschland, Untersuchungen zu gesamtwirtschaftlichen Auswirkungen ausgewählter Maßnahmen des Energie- und Klimapakets, August 2008

McKinsey&Company, Kosten und Potenziale der Vermeidung von Treibhausgasemissionen in Deutschland, 2007 http://www.mckinsey.de/downloads/presse/2007/070925_Kosten_und_Potenziale_der_ Vermeidung_von_Treibhausgasemissionen_in_Deutschland.pdf, Abruf 14.02.09, 18.40 Uhr

Meffert Heribert, Marketing – Grundlagen marktorientierter Unternehmensführung , 9. Auflage, Oktober 2000

Meffert Heribert, Burmann Christoph, Kirchgeorg Manfred: Marketing; Grundlagen marktorientierter Unternehmensführung, 10. Auflage, 2008

Meffert Heribert, Bierwirth Andreas: Corporate Branding – Führung der Unternehmensmarke im Spannungsfeld unterschiedlicher Zielgruppen, in Markenmanagement, Identitätsorientierte Markenführung und praktische Umsetzung, Meffert Heribert Burmann Christoph, Koers Martin (Hrsg.), 2. Auflage, 2005

Münchner Rück (2004): Jahresrückblick Naturkatastrophen 2003, München

OECD: OECD-Berechnungen zu den Auswirkungen des Klimawandels auf die Skiregionen in den Alpen, 13.12.2006; http://www.oecd.org/document/15/0,3343,en_2649_201185_37825743_1_1_1_1,00.html, Abruf 13.02.09, 12.36 Uhr

Ott Hermann E., Richter Casper, Anpassung an den Klimawandel – Risiken und Chancen für deutsche Unternehmen, Wuppertal Papers, Januar 2008

Pansegrau Petra: Klimaszenarien, die einem apoklyptischen Bilderbogen gleichen oder „Leck im Raumschiff Erde". Eine Untersuchung der kommunikativen und kognitiven Funktion von Metaphorik im Wissenschaftsjournalismus anhand der Spiegelberichterstattung zum „Anthropogenen Klimawandel", 2000

Pasquier Martial, Dreosso Corrina, Rauch André: Kommunikation 2010 - eine Delphi- Studie zu den Entwicklungen der Marketingkommunikation, 2004

Peters Hans Peter, Heinrichs Harald, Öffentliche Kommunikation über Klimawandel und Sturmflutrisiken, Bedeutungskonstruktion durch Experten, Journalisten und Bürger, Schriften des Forschungszentrums Jülich, Reihe Umwelt / Environment Band /Volume 58

Pfetsch B.: Themenkarrieren und politische Kommunikation. Zum Verhältnis von Politik und Medien bei der Entstehung der politischen Agenda, Aus Politik und Zeitgeschichte 44, B 39, S. 11-20, 1994

Prose Friedemann, Kupfer Dirk, Hübner Gundula: Social Marketing und Klimaschutz in Fischer W. & Schütz H. (Hrsg.) Gesellschaftliche Aspekte von Klimaänderungen, 1994

Pringle Hamisch, Thompson Marjorie: Marken mit Seele, Mehr Erfolg durch soziales Marketing, 2002

Rahmstorf Stefan: Klimawandel – Rote Karte für Leugner in bild der wissenschaft 1/2003; http://www.pik-potsdam.de/infothek/broschueren/klimageschichte.pdf; Abruf 07.02.09, 18.33 Uhr

Rahmstorf Stefan: Das ungeliebte Weder-noch in DIE ZEIT, 10.02.2005, Nr. 7; http://www.zeit.de/2005/07/Klimawandel; download, 07.02.09, 22.12 Uhr

Regier Stefanie: Das Surfen auf der grünen Welle lohnt sich, CO2-neutrale Produkte und Dienstleistungen- Akzeptanzverhalten und Preisbereitschaft aus Kundensicht, Februar 2008

Rössler Patrick: Agenda-Setting, Theoretische Annahmen und empirische Evidenzen einer Medienwirkungshypthese (1997)

Sachstandsbericht des IPCC „Klimaänderung 2007: Zusammenfassung für politische Entscheidungsträger", September 2007

Scheuch Fritz: Marketing, 6. Auflage, 2007

Schiele Gregor, Hähner Jörg, Becker Christian: Web 2.0 – Technologien und Trends, in Bauer Hans H. (Hrsg.), …(u. a.) Interactive Marketing im Web 2.0+ Konzepte und Anwendungen für ein erfolgreiches Marketingmanagement im Internet; 2. Auflage, 2008

Schleidt Daniel: Kommunikation 2.0 Unternehmensblogs als modernes Mittel der Innovationskommunikation, in Innovationsmanager 04_08

Schönwiese Christian-D.: Klimawandel global und in Deutschland – Fakten der Vergangenheit und Szenarien der Zukunft, PDF-Dokument

Schönwiese Christian-D., Jonas Martin, Staeger Tim: Berechnung der Wahrscheinlichkeiten für das Eintreten von Extremereignissen durch Klimaänderungen – Schwerpunkt Deutschland - , April 2005

Schrader Christopher: Der Reiz des Gegenwindes; http://www.sueddeutsche.de/wissen/343/326207/text/6/, Abruf 11.02.09, 10.18 Uhr

Silberer Günter: Werteorientierung als strategische Ausrichtung von Produktinnovationen, 2004

Schmitt Thomas, Trabert Heidi: Kokospalmen am Nordseestrand, 100 heimliche Gewinner des Klimawandels, 2008

Stauss Bernd: Weblogs als Herausforderung für das Customer Care, in Bauer Hans H. (Hrsg.), …(u. a.) Interactive Marketing im Web 2.0+ Konzepte und Anwendungen für ein erfolgreiches Marketingmanagement im Internet; 2. Auflage, 2008

Stauss Reto: Öko 2.0: Auf dem Weg zur kritischen Masse, in Greendotcom, Quaterly_Das Trendmagazin des Zukunftsinstitutes, Mai 2008

Stoeckle Friedemann: Die Marktentwicklung klimafreundlicher langlebiger Gebrauchsgüter, Vortrag auf der 58. GfK-Tagung, 04.07. 2008; http://www.gfk-verein.de/index.php?article=conference_02_&lang=german&f=conference; Abruf 12.02.09

Stock Manfred: Klimawandel und Zukunftspfade – Perspektiven, Herausforderungen und Strategien; in Klimawandel – Markt für Strategien und Technologien?!, Tagungsband zum 84. Darmstädter Seminar –Abfalltechnik und Umwelt und Raumplanung-, Darmstadt, 26.Juni 2008

Tomczak Torsten, Reinecke S.: Best Practice in Marketing – Auf der Suche nach Marketing-Spitzenleistungen, 1998

Traublinger Heinrich: Begrüßungsansprache des Präsidenten des Bayerischen Handwerks, anlässlich des Tages der Handwerks, Nürnberg, 18.07.2008

Trommsdorff Volker: Konsumentenverhalten, 7. Auflage, 2009

Umweltbundesamt: Anpassung an Klimaänderungen in Deutschland – Regionale Szenarien und nationale Aufgaben-; Hintergrundpapier „Anpassung an Klimaänderungen in Deutschland", Oktober 2006

Umweltbundesamt: Deutschland im Klimawandel; Anpassung ist notwendig, November 2008

Umweltbundesamt: Klimaschutz; Skeptiker fragen, Wissenschaftler antworten: Häufig vorgebrachte Argumente gegen den anthropogenen Klimawandel, 2008
http://www.umweltbundesamt.de/klimaschutz/klimaaenderungen/faq/skeptiker.htm, Abruf 12.02.09, 19.41 Uhr

Umweltbundesamt: Klimaschutz; Grundsätzliches zum Thema Wissenschaft und Skepsis(11.04.2007)
http://www.umweltbundesamt.de/klimaschutz/klimaaenderungen/faq/grundsaetzliches.htm, Abruf 11.02.09, 15.20 Uhr

Walter Norbert: Welche Branchen werden vom Klimawandel profitieren? Vortrag auf der 58. GfK-Tagung, 04.07. 2008;
http://www.gfk-verein.de/index.php?article=conference_02_&lang=german&f=conference; Abruf 12.02.09

Weingart Peter, Engels Anita, Pansegrau Petra: Von der Hypothese zur Katastrophe, Der anthropogene Klimawandel im Diskurs zwischen Wissenschaft, Politik und Massenmedien, 2008

Wenzel Eike, Haderlein Andreas, Mijnals Patrick: Shopping Szenarien – die neuen Sehnsüchte der Konsumenten; 2007

Walz Rainer: Innovation dynamics and competitiveness of Germany in important green future markets, Frauenhofer Institute Systems and Innovation Research, July 2008

Weißgerber Anja: Kommunikationsverhalten in ereignisinduzierten Markenkrisen, Der Einfluss der Markenbeziehungsqualität, 2007

Wippermann Carsten: Die soziokulturelle Karriere des Themas "Ökologie" in MARKT & MEDIEN III/2005 über die Entwicklung des ökologisch affinen Bevölkerungssegments in Deutschland vor dem Hintergrund der Sinus-Milieuforschung
http://www.sinus-sociovision.de/, PDF-Dokument, Abruf 07.03.09, 17.50 Uhr

Wippermann Katja: Zeitgeist beflügelt Naturkosmetik, in BIOHANDEL 2008

Wormer Holger, Interview „Klima, die steile Karriere eines Themas" bei wdr.de;
http://www.wdr.de/themen/wissen/umwelt/klimawandel/wissen/interview_071108.jhtml;
Download 01.02.09, 20.15 Uhr

Internet-Quellen

http://www.hm-treasury.gov.uk/sternreview_index.htm

http://www.pik-potsdam.de/

http://www.realclimate.org/

http://www.cdproject.net/

http://www.cleanedge.com/

http://www.sinus-sociovision.de/

http://www.umweltbundesamt.de/

http://www.bmu.de/

http://www.ipcc.ch/

Anlage: Fragebogen "Klimawandel + Marketing"

Fragebogen zur Diplomarbeit

„Klimawandel + Marketing"

Klimawandel + Marketing

Einführung

„Klimawandel" ist ja in allen Medien ein Thema. Halten Sie es für Ihr Unternehmen für wichtig?

    Ja, sehr ☐   Ja ☐   Nicht so sehr ☐   Nein ☐

    Sonstiges _____

1. Fragen zu Produkten / Dienstleistungen Ihres Unternehmens

1.1. Welche Produkte / Dienstleistungen bietet Ihr Unternehmen an?

    Kurze Beschreibung _____

1.2. Reagiert Ihr Unternehmen auf das Thema „Klimawandel?"

    Ja ☐   Nein ☐   Ist geplant ☐

    Kurze Beschreibung _____

1.3. Wurden Produkte / Dienstleistungen aufgrund des Themas „Klimawandel" neu entwickelt?

    Ja ☐   Nein ☐   Ist geplant ☐

    Kurze Beschreibung _____

1.4. Wurden Produkte / Dienstleistungen an das Thema „Klimawandel" angepasst?

    Ja ☐   Nein ☐   Ist geplant ☐

    Kurze Beschreibung _____

2. Fragen zu Marketing / Kommunikation Ihres Unternehmens

2.1. Haben Sie Marketing-Maßnahmen zu der Thematik „Klimawandel" durchgeführt?

    Ja ☐   Nein ☐   Sind geplant ☐

    Kurze Beschreibung _____

Klimawandel + Marketing

2.2. **Ist die Präsenz des Themas in den Medien für Sie von Vorteil?**

    Ja, sehr ☐   Ja ☐   Nicht so sehr ☐   Nein ☐

    Sonstiges _____

2.3. **Haben Sie eventuell neue Kommunikationsmöglichkeiten ergriffen?**

    Ja ☐   Nein ☐

    Kurze Beschreibung _____

2.4. **Nützen Sie das Thema „Klimawandel" für PR-Maßnahmen Ihres Unternehmens?**

    Ja ☐   Nein ☐

    Kurze Beschreibung _____

2.5. **Setzen Sie das Thema auch in Ihrer Werbung ein?**

    Ja ☐   Nein ☐   Ist geplant ☐

2.6. **Welche Medien nutzen Sie für Ihre Werbung?**

    Kurze Beschreibung _____

2.7. **Spielt das Internet bei Ihrer Kommunikation eine wichtige Rolle?**

    Ja, sehr ☐   Ja ☐   Nicht so sehr ☐   Nein ☐

    Kurze Beschreibung _____

2.8. **Haben Sie „Web-Blogs" eingerichtet?**

    Ja ☐   Nein ☐   Sind geplant ☐

    Kurze Beschreibung _____

2.9. **Ist Ihnen „Empfehlungs-Marketing" wichtig?**

    Ja, sehr ☐   Ja ☐   Nicht so sehr ☐   Nein ☐

    Kurze Beschreibung _____

Klimawandel + Marketing

2.10. **Haben Sie Untersuchungen zu Ihren Marketingaktivitäten „Klimawandel" durchgeführt?**

Ja ☐ Nein ☐ Ist geplant ☐

Kurze Beschreibung _____

2.11. **Wurde Ihr Image durch das Eingehen auf den „Klimawandel" positiv gestärkt?**

Ja, sehr ☐ Ja ☐ Nicht so sehr ☐ Nein ☐

2.12. **Hat sich Ihre Positionierung im Markt positiv verändert?**

Ja, sehr ☐ Ja ☐ Nicht so sehr ☐ Nein ☐

Kurze Beschreibung _____

2.13. **Haben sich dadurch neue Märkte, Absatzmöglichkeiten erschlossen?**

Ja ☐ Nein ☐ Ist geplant ☐

Kurze Beschreibung _____

2.14. **Wird das Thema „Klimawandel" in Zukunft in Ihrem Marketing eine Rolle spielen?**

Ja ☐ Nein ☐ Ist geplant ☐

Kurze Beschreibung _____

3. Fragen zu Zielgruppen Ihres Unternehmens

3.1. **Könnten Sie bitte Ihre Zielgruppe / Zielgruppen in Stichworten beschreiben?**

Kurze Beschreibung _____

3.2. **Haben Sie Veränderungen, hin zu mehr Umweltbewusstsein bei Ihren Zielgruppen, Kunden registriert?**

Ja, sehr ☐ Ja ☐ Nicht so sehr ☐ Nein ☐

Sonstiges _____

3.3. **Hat sich eventuell eine neue Zielgruppe durch das Thema „Klimawandel" gefunden?**

    Ja ☐   Nein ☐

    Sonstiges _____

3.4. **Wie reagieren Ihre Kunden auf Ihre Aktivitäten „Klimawandel"?**

    sehr positiv ☐   positiv ☐   eher gleichgültig ☐   uninteressiert ☐

    Sonstiges _____

3.5. **Merken Sie ein höheres Involvement Ihrer Kunden / Ihrer Zielgruppe bei diesem Thema?**

    Ja, sehr ☐   Ja ☐   Nicht so sehr ☐   Nein ☐

    Sonstiges _____

3.6. **Gibt es eine höhere Emotionalität?**

    Ja, sehr ☐   Ja ☐   Nicht so sehr ☐   Nein ☐

3.7. **Ist das Thema „Klimawandel" für Sie ein Verkaufsargument?**

    Ja, sehr ☐   Ja ☐   Nicht so sehr ☐   Nein ☐

3.8. **Können Sie dadurch Ihren Verkauf steigern?**

    Ja, sehr ☐   Ja ☐   Nicht so sehr ☐   Nein ☐

    Kurze Beschreibung _____

4. Fragen zu Nachhaltigkeit

4.1. **Wie stark ist das Thema „Nachhaltigkeit" für Ihr Unternehmen relevant?**

    Sehr relevant ☐   Relevant ☐   Nicht so sehr ☐   Überhaupt nicht ☐

4.2. **Produzieren Sie bereits „nachhaltig"?**

    Ja ☐   Nein ☐   ist geplant ☐

    Kurze Beschreibung _____

4.3. **Wird das Thema „Nachhaltigkeit" in Ihrer Werbung kommuniziert?**
    Ja ☐   Nein ☐   ist geplant ☐

    Kurze Beschreibung _____

4.4. **Wo bestehen Ihrer Meinung nach Grenzen von „Nachhaltigkeit"?**

    Kurze Beschreibung _____

5. Fragen zu Ergebnissen Ihres Unternehmens

5.1. **Wirkt sich der „Klimawandel" positiv auf Ihre Geschäftsaktivitäten aus?**

    Ja, sehr ☐   Ja ☐   Nicht so sehr ☐   Nein ☐

    Sonstiges _____

5.2. **Haben Sie mehr verkauft?**

    Ja ☐   Nicht so sehr ☐   Nein ☐

5.3. **Verschaffen Ihnen Ihre Marketingaktivitäten zu „Klimawandel" Vorteile im Wettbewerb?**

    Ja, sehr ☐   Ja ☐   Nicht so sehr ☐   Nein ☐

    Kurze Beschreibung _____

5.4. **Gibt es Veränderungen in den Umsätzen seit das Thema „Klimawandel" kommuniziert wird?**

    Ja, positiv ☐   Nicht so sehr ☐   Nein ☐

    Kurze Beschreibung _____

5.5. **Können Sie dadurch (mehr) Gewinn erzielen?**

        Ja ☐   Nicht so sehr ☐   Nein ☐

        Kurze Beschreibung (%) _____

5.6 **Ist die Thematik „Klimawandel" für Sie profitabel?**

        Ja ☐   Nicht so sehr ☐   Nein ☐

5.7. **Sehen Sie einen Widerspruch zwischen der Thematik „Klimawandel" und Profit?**

        Ja ☐   Nicht so sehr ☐   Nein ☐

        Kurze Beschreibung _____

6. Unternehmen

6.1. In welcher Branche ist Ihr Unternehmen tätig?

        Kurze Beschreibung _____

6.2. Wie viele Mitarbeiter beschäftigt Ihr Unternehmen?

        Kurze Beschreibung _____

6.3. Welchen Jahres-Umsatz erzielt Ihr Unternehmen?

        Kurze Beschreibung _____

7. Feedback

Ich wäre sehr an Ihrer Meinung zu der Thematik „Klimawandel + Marketing" und an dem Fragebogen interessiert. Falls Sie eigene Anmerkungen hätten oder Ihre Meinung äußern möchten, können Sie dies hier gerne tun.

Vielen Dank für Ihre Rückmeldung und Mitarbeit!

Wolfgang Zenger